NESTOR BURLAMAQUI

MEU <PRIMEIRO> LIVRO DE PROGRAMAÇÃO

Ciranda Cultural

Dados Internacionais de Catalogação na Publicação (CIP) de acordo com ISBD

B961m Burlamaqui, Nestor

Meu primeiro livro de programação / Nestor Burlamaqui ; ilustrado por Nestor Burlamaqui ; Freepik - Jandira, SP : Ciranda Cultural, 2024.
144 p. : il. ; 20,10cm x 26,80cm.

ISBN: 978-65-261-0258-9

1. Programação. 2. Computação. 3. Computador. 4. Diversão. 5. Tecnologia. I. Freepik. II. Título.

2023-1762 CDD 005
CDU 004.43

Elaborada por Lucio Feitosa - CRB-8/8803

Índice para catálogo sistemático:
1. Programação 005
2. Programação 004.43

Ilustrações: Nestor Burlamaqui e www.freepik.com
Editora: Elisângela da Silva
Editora-assistente: Layane Almeida
Preparação: Paloma Blanca
Revisão: Karina Barbosa dos Santos e Adriane Gozzo
Projeto gráfico e diagramação: Edilson Andrade
Produção editorial: Ciranda Cultural

1ª Edição em 2024
www.cirandacultural.com.br

Em agradecimento ao Criador, que nos permitiu chegar a este momento, dedico este livro à minha família, que me apoiou; à editora Ciranda Cultural, que acreditou nesta obra; e àqueles que, em qualquer idade, buscam ampliar seus conhecimentos.

SUMÁRIO

PARTE 1 - OS PRIMEIROS PROGRAMAS

PARTE 2 - JOGOS EM SCRATCH

PARTE 3 - BOARD GAMES

APRESENTAÇÃO

Este livro foi planejado e escrito para toda a família, de forma que todos possam ter uma experiência agradável com jogos e brincadeiras enquanto aprendem a programar em celulares e computadores em sua própria casa, apenas com a ajuda deste material.

Aqui, há dicas e orientações para pais e professores, além de conteúdo para crianças e adolescentes, com conceitos que envolvem raciocínio lógico, robótica e matemática, sempre inserindo esse conhecimento em um contexto lúdico. Professores de cursos de programação e de robótica podem usar este livro para complementar suas aulas.

Embora o conteúdo seja direcionado para crianças e adolescentes, pessoas de qualquer idade podem usar esta obra para aprender programação de maneira divertida e com linguagem de fácil entendimento. A maioria do conteúdo aqui exposto tem sugestão de faixa etária entre seis e catorze anos. Porém, considero que pais, professores ou demais responsáveis têm total liberdade para avaliar o ritmo de aprendizado das crianças.

Boa leitura!
Nestor Medeiros Filgueira Burlamaqui

Leia o QR Code e acesse a página com os códigos deste livro.

HELLO,
WORLD!

COMO USAR ESTA OBRA

Este livro foi dividido em três partes que podem ser lidas de maneira independente.

A primeira contém textos e códigos introdutórios, sendo alguns bem divertidos, para o leitor programá-los no celular de forma prática. A intenção é familiarizá-lo com a programação enquanto ele se diverte com jogos simples e funções úteis.

A segunda parte consiste em guias práticos para programar jogos em Scratch, linguagem de programação especializada em criação de jogos e animações para o público infantojuvenil. É necessário usar um computador para programar os códigos em Scratch indicados neste livro.

A terceira parte é voltada para crianças pequenas (a partir dos sete anos) e contém regras e sugestões de como criar jogos de tabuleiro que exercitam a lógica de programação.

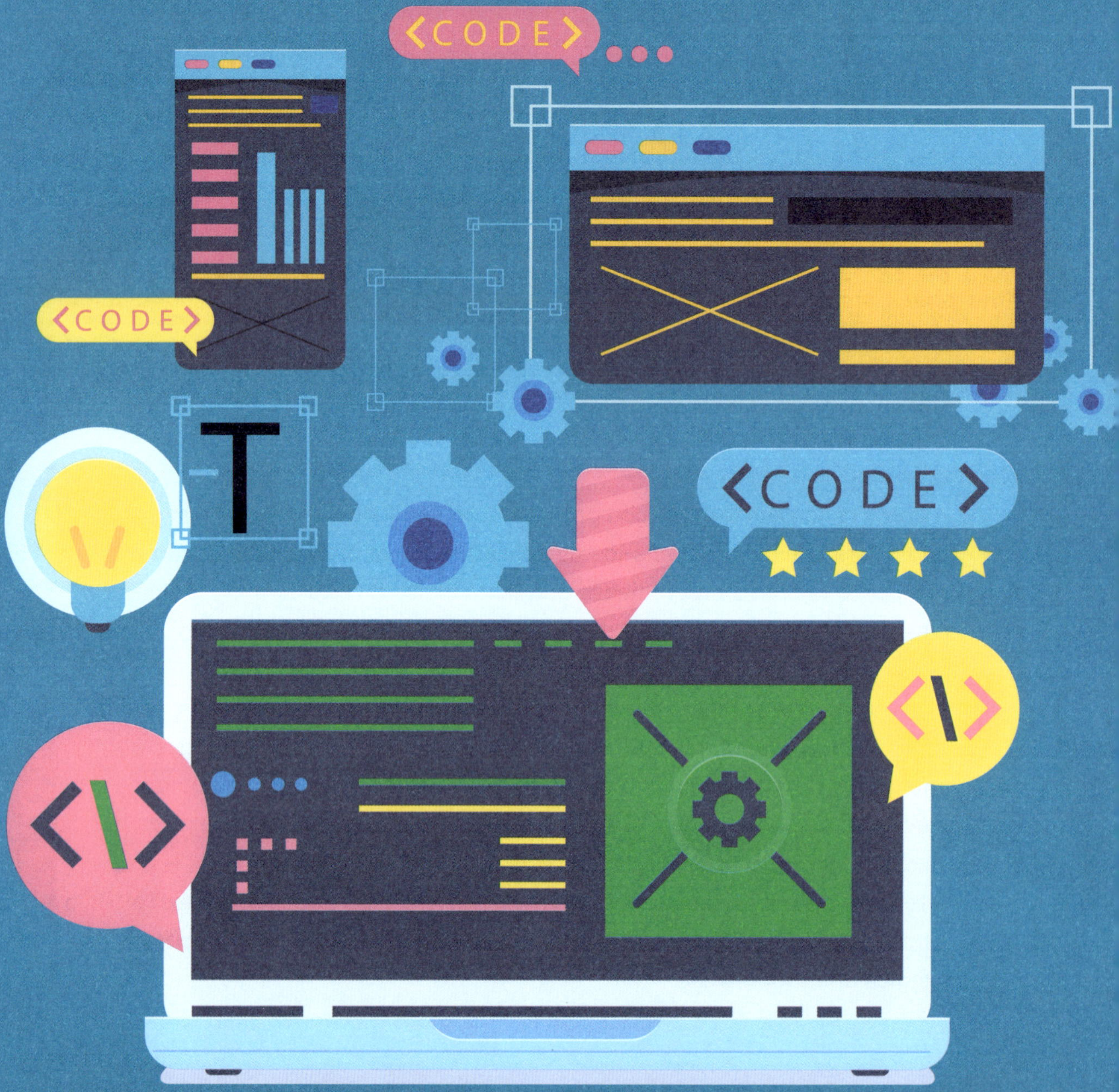
<CODE>
<CODE>
T
<CODE>

PARTE 1

OS PRIMEIROS PROGRAMAS

Esta parte introduz conceitos mais básicos de programação por meio de programas e jogos simples e foi desenvolvida para crianças a partir dos dez anos.

Nesta primeira parte da obra, você vai conhecer duas linguagens de programação: Python e Basic. Atualmente, Python é uma das linguagens de programação mais populares do mundo. Já Basic é uma linguagem criada especialmente para iniciantes. Por meio delas, você entenderá os três fundamentos de todas as linguagens de programação, que são: instruções simples, repetições e tomadas de decisão.

Instruções simples são comandos básicos que você dá ao seu computador ou dispositivo. Por exemplo, o comando **print** serve para pedir ao computador que exiba uma palavra, um texto ou o resultado de um cálculo na tela. Dessa forma, em Basic, por exemplo, a instrução **print 2+2** vai exibir o resultado **4**.

Estruturas de repetição são linhas de código nas quais o computador executa uma ou mais instruções mais de uma vez. Por exemplo, em um jogo de perguntas e respostas no qual o jogador tem três tentativas para acertar cada pergunta, usamos uma repetição para que o computador sempre faça a mesma pergunta até o jogador acertá-la ou suas tentativas acabarem. **Tomadas de decisão** são tipos de instruções que ocorrem apenas quando uma condição for verdadeira. Em um jogo de batalha espacial, por exemplo, a nave vai disparar raios de plasma se o jogador pressionar um botão do joystick. Outro exemplo é em um jogo de perguntas e respostas. Se o jogador acertar a pergunta, o computador mostrará a mensagem **Resposta correta** e somará um ponto para o jogador. O comando mais conhecido das tomadas de decisão é o IF (em inglês), que corresponde ao "se", em português.

Outro conceito que você verá constantemente nesta obra são as **variáveis**. Elas são responsáveis por armazenar informações de vários tipos, sendo essenciais em todos os programas. São nas variáveis onde, por exemplo, ficam armazenadas a pontuação de um jogo ou a média das suas notas da escola.

Por enquanto, talvez alguns conceitos não tenham ficado muito claros para você, mas não tenha pressa. Os programas e as dinâmicas desta obra foram feitos de forma que você se familiarize aos poucos com o mundo da programação enquanto se diverte durante o processo. Nesta parte, você verá jogos e códigos simples que fazem seu celular detectar movimentos, rastrear a própria localização ou criar dinâmicas e brincadeiras interessantes para crianças e adolescentes.

O QUE É UM PROGRAMA?

Imagine que um amigo deseja visitar você, mas não sabe o caminho até sua casa. Como ele não conhece o nome de nenhuma rua do seu bairro, você certamente lhe diria as instruções de como chegar. Não é verdade? Suas orientações seriam mais ou menos assim:

```
Primeiro, saia de casa.
Depois, siga pela rua no sentido norte.
Ande dois quarteirões.
Vire à direita.
Agora, ande quatro quarteirões.
Pare na casa de muro azul.
```

Um programa de computador funciona como um conjunto de instruções para ajudá-lo a chegar a um lugar. Ou seja, é um conjunto de comandos que você dá para o computador realizar algum tipo de tarefa.

Porém, se você tentar se comunicar com um computador usando um idioma humano – do mesmo jeito como você fala com seus amigos –, ele não entenderá nada!

Por isso, existem as **linguagens de programação**. Essas, com certeza, os computadores e os celulares conseguem entender sem problemas. Existem linguagens de programação visual (como Lego), nas quais os programadores usam blocos com símbolos para dizer ao computador o que fazer, e linguagens de programação textuais (como Basic e Python), em que os programadores digitam os comandos em forma de palavras.

Abaixo, você pode ver um exemplo de programação visual. Ela usa blocos de comando em um jogo que ensina crianças a programar. É o *Labirinto clássico*, do site Code.org.

CODE.ORG

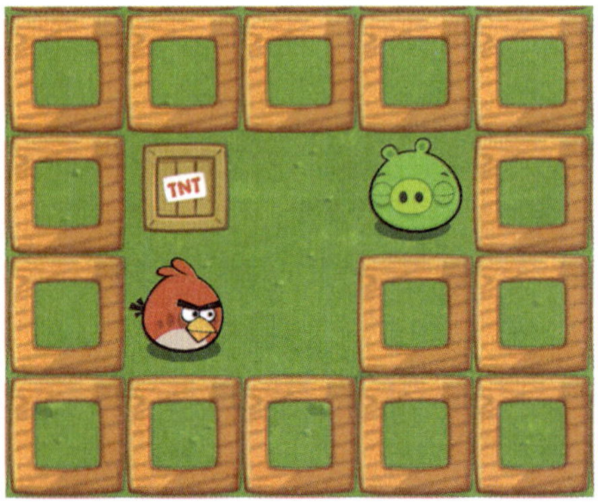

Note que o programa se parece com peças de montar, encaixadas umas nas outras. Esse programa faz com que o personagem do jogo se movimente pelos cenários para cumprir as missões.

LEGO

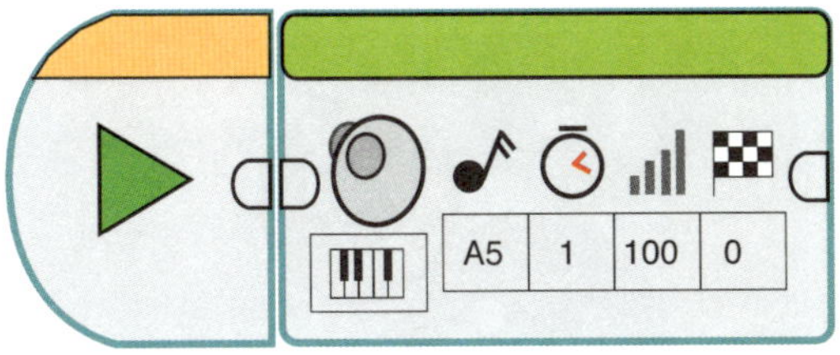

Outro exemplo é a programação dos kits de robótica da Lego, que usa programação visual em blocos. Existem outros tipos de linguagens em blocos, como o Scratch, que tem foco na criação de jogos simples e de histórias, e o Blockly Games, site dedicado ao aprendizado de programação para pessoas de qualquer idade.

Não se preocupe se você ainda não entendeu o conceito de programação. Por enquanto, tudo o que precisa saber é que um programa é uma lista de comandos que serve para fazer um computador, celular ou robô realizar tarefas ou ações.

E essas tarefas envolvem desde realizar um cálculo para ajudá-lo no seu dever de matemática até iniciar e rodar um jogo de videogame.

A melhor forma de aprender a programar é programando. No início, é muito comum cometer erros, mas isso faz parte de qualquer aprendizado.

Nas próximas páginas, daremos dicas de como começar a fazer os próprios programas, em casa, sozinho ou com sua família. Como uma das melhores formas de aprender qualquer coisa é se divertindo, vamos apresentar alguns jogos e dinâmicas que ensinam noções de programação.

BASIC

```
PRINT "DIGITE SEU NOME"
INPUT A$
PRINT "BOM DIA, " ; A$
PRINT "EU SOU UM COMPUTADOR"
```

Acima, temos um exemplo de um programa de computador simples (programação textual), feito na linguagem Basic.

SCRATCH

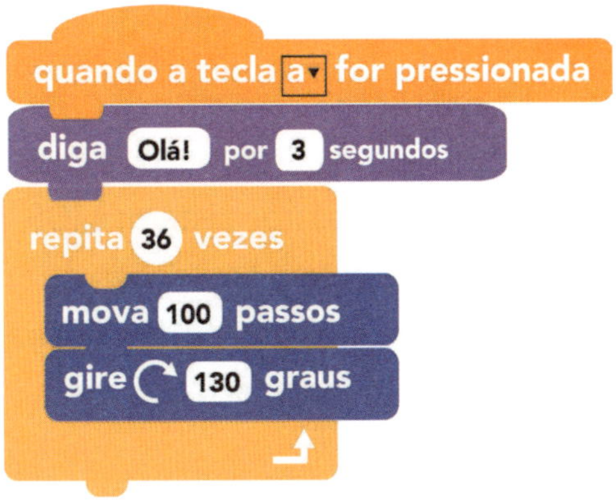

Exemplo de programação em blocos do Scratch, site com ambiente de programação especializado na criação de jogos e animações simples.

PRIMEIROS PASSOS

Apesar do tamanho, os celulares modernos, também conhecidos como smartphones, têm capacidade de processamento comparável à de um computador de mesa.

Afinal, os smartphones nada mais são que computadores portáteis, criados para caberem no bolso. Portanto, é possível programar em um celular da mesma forma que em um computador, mas com certas particularidades inerentes a esses dispositivos: tela menor e existência de sensores de movimento, por exemplo.

Por causa desses sensores e da capacidade de controlar vários atributos, como ligações telefônicas, mensagens SMS e mecanismo de posicionamento global (GPS), o celular tem uma infinidade de utilidades que a maioria das pessoas desconhece. Como já dito, a primeira parte desta obra apresenta duas opções de linguagem de programação. Uma delas é a Basic, suportada pelo aplicativo BASIC!, da Mougino. Esse aplicativo permite acesso a funcionalidades especiais dos smartphones, como sensores e GPS, mas a versão BASIC! usada nesta obra roda apenas em dispositivos com o sistema Android.

A outra linguagem é a Python, que roda tanto nos sistemas Android, por meio do aplicativo Pydroid 3, quanto nos sistemas iOS, por meio do aplicativo Pyto, por exemplo. Porém, a linguagem Python tem limitações que a impedem de controlar algumas funções de seu smartphone de forma simples. Por essa razão, nem todas as dinâmicas deste livro podem ser realizadas com Python. Mesmo assim, caso seu aparelho seja um iPhone ou um iPad, não se preocupe: a maioria dos códigos funciona normalmente no aplicativo Pyto em seu celular.

Vale lembrar que todos os códigos em Python também podem ser executados de seu computador pessoal, por meio do site Replit (replit.com).

CUIDADOS AO COPIAR E COLAR

O ideal é que você digite os códigos deste material linha por linha, para que se acostume com a prática da programação. Porém, caso prefira, você pode simplesmente copiar e colar os códigos no seu aplicativo ou computador.

Esse processo, no entanto, pode criar uma inconsistência nas linhas do código. Geralmente, isso é resolvido apagando um espaço em branco extra que aparece no fim de cada linha ou redigitando as aspas do código.

Agora, siga os passos indicados para começar a programar!

1 BAIXE O APLICATIVO

BASIC!
mougino

Se você tem tablet ou smartphone Android, recomendamos que instale o aplicativo BASIC!, da Mougino, seguindo as instruções.

Alguns códigos apresentados neste material controlam as funcionalidades de seu smartphone Android por meio desse aplicativo, que ocupa cerca de 10 Mb e não exige que você realize cadastros antes de utilizá-lo. Além disso, é gratuito.

É só instalar e começar a programar em Basic, linguagem de programação de fácil entendimento, criada para iniciantes.

Se você tem um iPhone ou um iPad, pode instalar o aplicativo Pyto, da Develobile S.p.A, baixando-o na App Store, mas lá também existem outros aplicativos que rodam programas em Python 3. Use aquele de sua preferência, mas lembre-se de que alguns precisam ser comprados. O Pyto pode ser usado gratuitamente durante três dias. Após esse período, passa a ser pago.

IMPORTANTE

Todos os programas em Python podem ser executados em um dispositivo Android, como o aplicativo Pydroid 3, ou em um computador, por meio do site Replit: **https://replit.com/languages/python3**

A seguir, você verá o passo a passo para baixar e acessar os aplicativos **BASIC!** e **Pyto**.

INSTALANDO O BASIC! 1.91

Para usar os comandos relacionados ao envio e recebimento de SMS, você precisa da versão 1.91 do BASIC!. Siga os 5 passos a seguir para instalar.

PASSO 1

No seu celular, vá em configurações e entre na opção "Tela de bloqueio e segurança".

PASSO 2

Localize a opção "Fontes desconhecidas" e ative-a. O sistema pedirá confirmação, informando que você é responsável por eventuais danos. Não se preocupe. Você só vai instalar esse aplicativo. Depois, pode voltar e desmarcar essa opção.

PASSO 3

Agora você pode instalar qualquer aplicativo que achar na internet, mesmo os que não estão na Play Store. No Google ou em seu buscador favorito, pesquise "rfo basic 1.91".

PASSO 4

O resultado da busca mostrará algumas opções. Escolhemos o site Apk4fun, mas o site Apkpure também é uma boa opção. No site, clique no link para baixar. Outra opção é ir diretamente ao site da Mougino e baixar o aplicativo: http://mougino.free.fr/rfo-basic/. Entretanto, a versão disponível no site da Mougino é a 1.92, que não permite o comando relacionado ao envio e recebimento de SMS usado em algumas dinâmicas.

PASSO 5

Ao abrir o arquivo, o sistema pedirá confirmação para a instalação. Note que uma das funcionalidades dessa versão é enviar e ver mensagens SMS. Escolha "Instalar".

PROGRAMANDO NO BASIC!

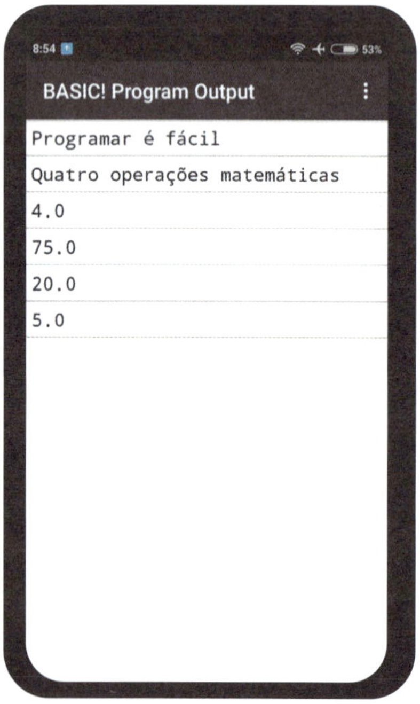

1 ABRA O APLICATIVO

Assim que abrir, o aplicativo lhe mostrará uma mensagem de boas-vindas com instruções iniciais de como acessar o menu de opções. Toque no ícone dos três pontos, localizado na parte superior direita da tela. Depois, escolha a opção **Clear** para limpar a tela.

Ela será limpa, mas o aplicativo sempre coloca a linha de comentário "REM Start of BASIC! Program" no início de novos códigos. Você pode apagar essa linha manualmente.

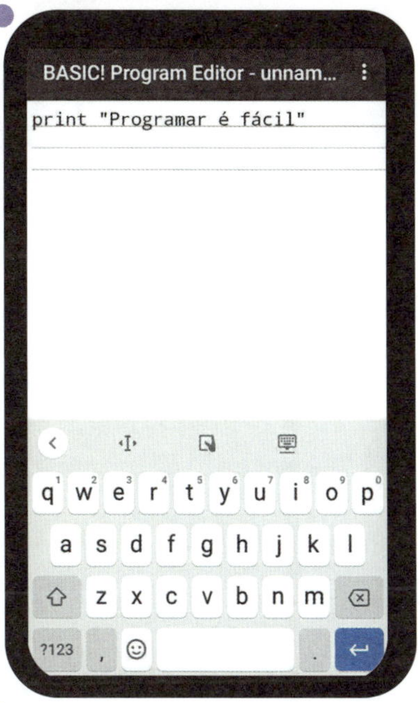

2 PROGRAME

Agora, digite a seguinte linha de código:

```
print "Programar é fácil"
```

O comando **print** significa imprimir, mas, nesse caso, significa exibir algo na tela. Você também pode usar o comando **print** para realizar cálculos matemáticos. Adicione as linhas abaixo ao seu código:

```
print "Quatro operações matemáticas"
print 2+2
print 100-25
print 2*10
print 10/2
```

3 EXECUTE O PROGRAMA

Toque no ícone com três pontos, no canto superior da tela, para abrir o menu de opções. Escolha a primeira opção **run** para fazer o programa funcionar.

Como o programa ainda não está salvo, o aplicativo pedirá um nome para o arquivo. Digite qualquer nome (por exemplo, "programando") e pressione **OK**.

Em seguida, o aplicativo executará o programa, exibindo a mensagem que você digitou no comando **print** (entre aspas) e o resultado das operações matemáticas.

Parabéns! Você acabou de executar seu primeiro programa em Basic. É o primeiro de muitos.

Veja como os sinais de multiplicar e dividir são diferentes daqueles que usamos no dia a dia. Na maioria das linguagens de programação, o sinal de multiplicação é um asterisco (*), e o de divisão, uma barra (/). Outra coisa que você deve ter notado é que não é necessário colocar aspas na hora de fazer os cálculos. Isso só é necessário quando você usa o **print** para exibir texto na tela.

PROGRAMANDO NO PYTO

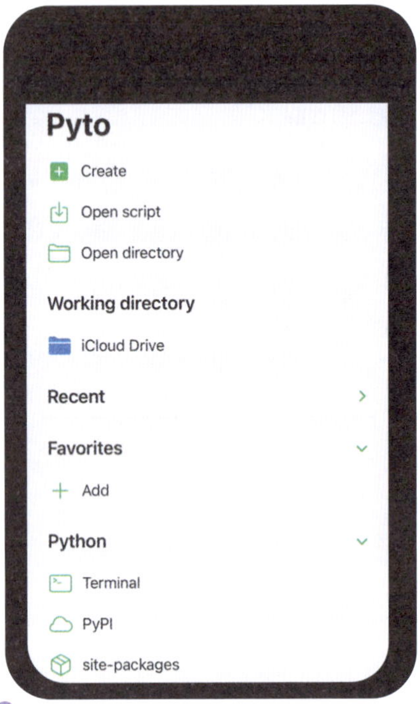

1 ABRA O APLICATIVO

Assim que abrir, o aplicativo lhe mostrará algumas opções. Escolha **Create** e depois toque em **Creat Script**.

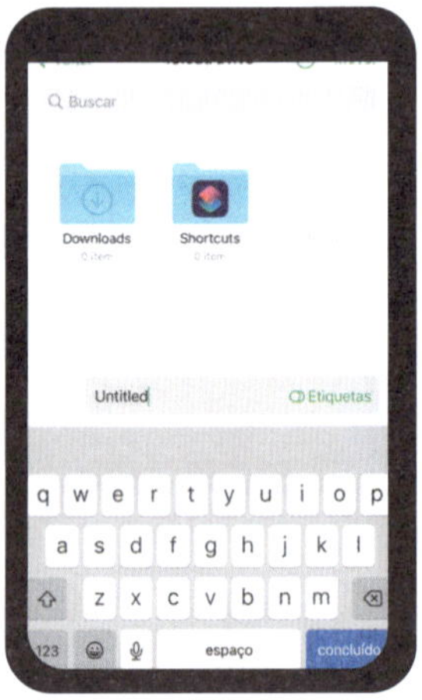

Uma nova tela surgirá, pedindo para você digitar o nome do arquivo. Por padrão, é Untitled (sem título). Você pode deixar assim mesmo ou dar um nome, como "programando".

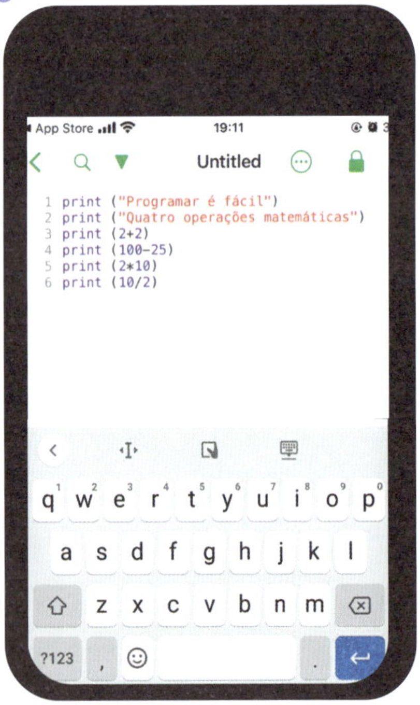

2 PROGRAME

Uma tela em branco aparecerá, esperando para você digitar seu programa. Digite a seguinte linha de código:

```
print "Programar é fácil"
```

O comando **print** significa imprimir, porém, nesse caso, ele não imprime em um papel, mas exibe algo na tela. Você também pode usar esse comando para o celular realizar cálculos matemáticos. Adicione as linhas abaixo ao seu código:

```
print ("Quatro operações matemáticas")
print (2+2)
print (100-25)
print (2*10)
print (10/2)
```

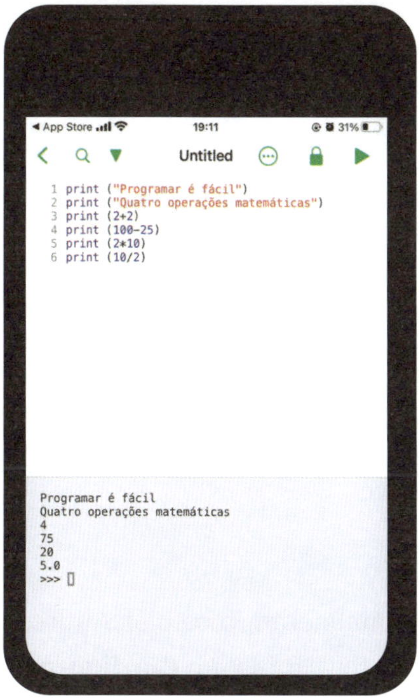

3 EXECUTE O PROGRAMA

Toque no ícone verde em forma de seta no canto superior da tela. Ele fará o aplicativo ler seu programa e mostrará o resultado na parte inferior da tela.

Ou seja, ele exibirá a mensagem que você digitou no comando **print** e também o resultado das operações matemáticas.

Parabéns! Você acabou de executar seu primeiro programa em Python. É o primeiro de muitos.

Na maioria das linguagens de programação, o sinal de multiplicação é um asterisco (*) e o de divisão é uma barra (/). Note também que não é necessário colocar aspas na hora de fazer os cálculos. Isso só é necessário quando você usa o **print** para exibir texto na tela.

O CELULAR FALANTE

Nos filmes de ficção científica é comum um dos personagens ser um robô ou um computador que consegue conversar com a mesma habilidade de um humano. No mundo real já existem alguns programas que simulam uma inteligência (Inteligência Artificial) capaz de conversar com uma pessoa de um jeito que fica difícil notar se estamos conversando com outra pessoa ou com uma máquina.

Neste capítulo, vamos apresentar alguns códigos simples, em Basic e em Python, nos quais você poderá "bater um papo" com seu celular. A partir deles, você poderá fazer alterações no código para personalizar sua conversa e impressionar seus amigos.

CONVERSANDO COM SEU CELULAR EM BASIC

TTS é a sigla de Text-To-Speach (Texto para Fala). Normalmente, o celular Android já vem com a fala habilitada. Se não for seu caso, você pode habilitá-la em **Configurações -> Idioma e Entrada -> Fala**. O caminho costuma ser esse, mas pode ter algumas mudanças, dependendo do modelo de seu dispositivo.

Programe e execute os códigos abaixo no seu celular Android usando o aplicativo BASIC!. Siga a ordem da numeração para uma experiência mais didática.

PASSO 1

```
tts.init
tts.speak "Pedro"
tts.stop
```

Speak significa "FALE". Substitua **Pedro** pelo seu nome ou por uma frase que você queira, salve e execute o programa. Você pode programar usando letras em maiúsculo, se preferir.

PASSO 2

```
do
 tts.init
 tts.speak "Pedro"
 tts.stop
until 0
```

Agora, coloque o código entre as linhas **do** e **until 0**. Isso faz com que o programa repita os comandos entre essas linhas até que você toque no botão "Voltar" do celular.

Do... until significa "FAÇA ATÉ QUE" uma condição seja verdadeira. A condição **0** ocorre quando você pressiona o botão "Voltar" do celular.

PASSO 3

```
for x=1 to 5
 tts.init
 tts.speak "Pedro"
 tts.stop
next x
```

No lugar de **do** e **until 0**, coloque os comandos **for** e **next**, como indicado no código ao lado. Isso faz com que ele repita a fala 5 vezes antes de terminar o programa. Você pode alterar a quantidade de repetições. Basta mudar o número 5 para a quantidade desejada.

PASSO 4

```
do
 input "O que devo falar?", A$
 tts.init
 tts.speak A$
 tts.stop
until 0
```

Agora, escreva o código como mostrado ao lado. Note que usamos o comando **input**.

O **input** mostra uma mensagem na tela e espera que você digite alguma coisa. Depois, ele guarda o que você digitou em um espaço da memória. Nomeamos esse espaço como **A$**.

Veja que na linha com **tts.speak** pedimos que ele fale o conteúdo de **A$**, que é o que você digitou.

PASSO 5

```
tts.init
tts.speak "Qual é o seu nome?"
input "", A$
tts.speak "Bom dia" + A$
tts.stop
```

O programa ao lado faz o celular perguntar o seu nome. O comando **input** não mostrará a mensagem na tela, pois não colocamos nada entre as aspas. Mesmo assim, ele mostrará a caixa de diálogo para você responder e guardará a informação dentro de **A$**.

PASSO 6

```
tts.init
tts.speak "Qual foi sua última nota em matemática?"
input "", nota
if nota < 7 then tts.speak "Precisa estudar mais."
if nota >= 7 then tts.speak "Muito bem."
if nota >= 8 then tts.speak "Parabéns."
tts.stop
```

VARIÁVEIS QUE GUARDAM TEXTO

No passo 5, juntamos o texto **Bom dia** com o conteúdo de **A$**.

A$ é o nome que damos a um espaço na memória do celular. Ou seja, é uma variável que guarda palavras ou textos.

As variáveis são muito úteis na programação. Em Basic, todas as variáveis que guardam texto devem ser nomeadas com um **$** no final. Por exemplo: `A$, B$, TEXTO$, M$, NOME$, MENSAGEM$.`

Variáveis de texto também são chamadas de Strings.

VARIÁVEIS QUE GUARDAM NÚMEROS

No programa do passo 6, a nossa variável se chama **nota**. Nela, fica guardado o valor que você digita ao responder ao **input.**

O nome dessa variável é simplesmente **nota**. Não termina com **$**. Portanto, é uma variável numérica. Com essas variáveis, é possível realizar cálculos e fazer comparações entre valores numéricos.

QUAL NOME ESCOLHER PARA UMA VARIÁVEL?

O ideal é que você escolha um nome que tenha a ver com a função dela no programa. Assim, seu código fica mais organizado.

COMPARANDO COISAS

Seu celular pode realizar comparações e tomar decisões.

Isso é feito com as instruções **if** e **then**, que significam "se" e "então".

Por exemplo, para o celular responder "Muito bem", caso você diga que tirou uma nota superior a seis, você deve programar assim:

```
if nota > 6 then tts.speak "Muito bem"
```

Em Basic, usamos os seguintes sinais de comparação:

Sinal	Significado
=	igual
>	maior que
<	menor que
<>	diferente
>=	maior ou igual
<=	menor ou igual

CONVERSANDO COM SEU CELULAR EM PYTHON

Fique por dentro do conceito de variáveis e de tomadas de decisões enquanto bate um papo com seu aparelho.

Abra o aplicativo Pyto, toque em **Create Script** e escolha um nome para o arquivo, como "conversando". Depois, na área de programação, digite a linha abaixo:

```
print ("Olá, Pedro")
```

Execute o programa tocando no ícone em forma de seta, localizado na área superior direita. Até aqui, nada de novo, mas, agora, veja o código abaixo:

```
for x in range (5):
   print ("Olá, Pedro")
print ("Nossa! Falei o nome cinco vezes.")
```

Você está diante de uma estrutura de repetição simples. Adicione a primeira linha ao seu programa e dê um espaçamento duplo antes de iniciar a segunda linha, conforme está acima. Começar uma linha com esse espaçamento se chama "indentação" e faz com que a instrução **print** fique dentro da repetição do **for**. Sem esse espaço, o Python não sabe o que deve e o que não deve repetir.

Execute o programa e veja como ele lê a instrução **print ("Olá, Pedro")** cinco vezes. Se quiser, troque o nome Pedro pelo seu nome para se familiarizar ainda mais com o programa. Troque o 5 por outros valores, como 10 ou 20, na primeira linha, e veja o que acontece também.

VARIÁVEIS

Vamos criar um pequeno programa para iniciar uma conversa com seu celular. Apague o que você já programou e digite o seguinte código:

```
n = input ("Qual seu nome?")
print ("Olá, " + n )
i = input ("Qual sua idade?")
print ("Apenas " + i + "! Ainda muito jovem!")
```

Quando terminar, execute-o. A instrução **input** espera que você digite algo no teclado de seu aparelho e pressione ENTER ou RETURN. Ao fazer isso, ele vai armazenar o que você escreveu em forma de texto dentro de uma variável. No caso desse programa, são as variáveis **n** e **i**. Note o sinal de = para indicar que a variável vai receber uma informação.

A segunda linha do programa exibe um texto que varia de acordo com sua resposta ao **input**. Execute o programa várias vezes, mudando sua resposta. Você deve ter notado também que usamos o sinal de soma (+) para unir o texto ao conteúdo das variáveis.

Uma coisa importante a ser lembrada em Python é que, a princípio, a instrução **input** sempre guarda informação textual na variável à qual está associada, mesmo quando você responde digitando números, como no caso da resposta à sua idade. Nesse caso, um número é considerado uma informação textual, também chamada String. Parece confuso? Calma. Digite o código abaixo para entender melhor isso.

```
a = 10
b = 5
c = "10"
d = "5"
e = "abacates"

print (a)
print (a+b)
print (c+d)
print (c + d + " " + e)
```

Execute o programa e veja o resultado. Quando você cria uma variável e a declara entre aspas ("") o conteúdo dela é considerado textual (assim como ocorre na instrução **input**), e isso inclui números.

Ou seja, ao tentar somar números declarados como texto, ele apenas junta esses números um ao lado do outro, mas não os soma de verdade.

Portanto, se você tentar somar uma variável numérica com uma String (textual), isso vai gerar um erro. Se quiser verificar essa questão, adicione a linha **print (a+e)** e execute. Sempre que for programar, fique atento a isso.

TRANSFORMANDO VARIÁVEL DE TEXTO EM NUMÉRICA

Muitas vezes, precisamos transformar uma String em uma variável numérica, e isso é feito facilmente com a função **int( )**. Programe o código demonstrado e, quando rodar, responda usando números inteiros (7 ou 8, por exemplo) sem uso de vírgula ou ponto, pois a função **int( )** não aceita números quebrados como 7.5 ou 8.2, por exemplo.

```
nota = input("Qual foi sua última nota em matemática?")
nota = int(nota)
if nota <= 6: print("Precisa estudar mais.")
if nota >= 7: print("Muito bem.")
if nota >= 8: print("Parabéns.")
```

O programa acima é um exemplo de tomada de decisão. A partir da sua nota em matemática, ele vai realizar um comentário.

Perceba que temos três linhas com a instrução condicional **if**, que fazem comparações usando os sinais menor ou igual (<=) e maior ou igual (>=).

A primeira linha com **if** diz "Se o conteúdo da variável **nota** for menor ou igual a 6 então mostre o texto 'Precisa estudar mais.'". Viu como é fácil?

Já que o **input** gera informação textual, foi preciso usar a função **int( )** na segunda linha para transformar a variável **nota** em uma de tipo numérica. Só assim podemos fazer as comparações da nota, uma vez que tais operações só podem ser feitas entre valores numéricos.

Isto é, se sua nota foi 7, o **input** armazena como se fosse um "7" textual, e depois usamos o **int(nota)** para que ele se transforme em um 7 numérico, que pode ser calculado ou comparado normalmente.

Os sinais de comparação em Python são:

Sinal	Significado
==	igual
>	maior que
<	menor que
!=	diferente
>=	maior ou igual
<=	menor ou igual

Agora, usando os códigos acima como base, crie uma conversa divertida e depois chame seus amigos para surpreendê-los.

PROGRAMANDO COM GAMES

Programar computadores é um desafio que muitos podem curtir, e essa experiência pode ser ainda mais divertida, pois há games que nos auxiliam no aprendizado da programação.

Um exemplo é o jogo *Labirinto*, do site Blockly Games, que disponibiliza gratuitamente vários jogos para quem está aprendendo a programar. Nesse game, o jogador enfrenta dez desafios, nos quais deve guiar o personagem pelo mapa usando blocos de comandos.

Existem, ainda, outros jogos voltados para diferentes faixas etárias, acessíveis por meio de um computador conectado à internet. Confira a seleção que fizemos.

LABIRINTO CLÁSSICO: para crianças menores, há o site Hora do Código. Nele, há um jogo chamado *Labirinto clássico*, que, na verdade, é um jogo de programação simples baseado no jogo de sucesso *Angry Birds*.

Link do jogo: https://studio.code.org/hoc/1

LABIRINTO: na programação em blocos do jogo *Labirinto*, do site Blockly Games, você movimenta o personagem para cumprir as missões enquanto aprende noções de programação.

Link do site: https://blockly.games/

MINECRAFT: semelhante ao *Labirinto clássico*, o site Hora do Código também tem um jogo no qual você controla personagens do *Minecraft*, cumprindo missões como tosquiar ovelhas, pescar e construir barcos e casas.

Link do jogo: https://code.org/minecraft

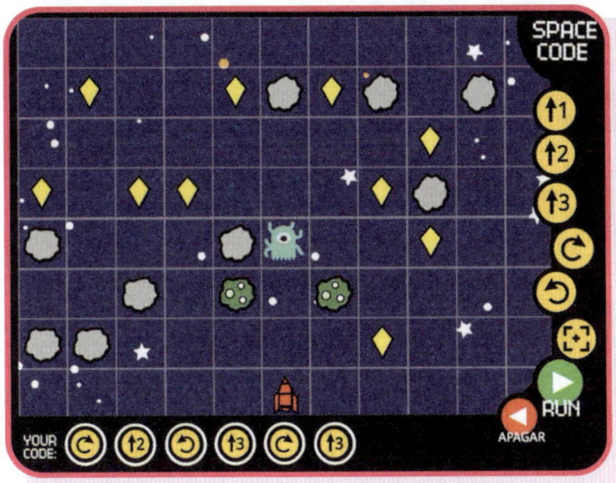

SPACE CODE: com comandos simples, como **Frente 2**, **Girar para a direita** e **Atirar**, *Space Code* é um game para crianças a partir dos seis anos exercitarem a capacidade de planejamento, a antecipação de eventos próximos, a orientação espacial, além de aprenderem as noções básicas de programação de computadores e de robôs. Tudo isso controlando uma nave para coletar cristais no espaço enquanto um monstro espacial tenta atrapalhar. Jogue você também e não deixe que ele o alcance!

Link do jogo: scratch.mit.edu/projects/499998800

JOGOS DE TABULEIRO

Nos dias em que faltar energia ou quando você não tiver acesso a um computador ou à internet, isso não será um problema. É possível aprender noções de programação com jogos de tabuleiro, o que pode ser bem divertido. Um dos mais famosos é o *Robot Turtles*.

ROBOT TURTLES: esse jogo foi desenvolvido para crianças entre três e oito anos. Os jogadores precisam mover as tartarugas por um labirinto, em busca de um cristal. É preciso programar as tartarugas com cartas do tipo "vire à esquerda", "vá para a frente" ou "dispare o laser".

Link do jogo: http://robotturtles.com/

Não encontramos jogos de tabuleiro desse tipo já lançados em língua portuguesa, mas não se preocupe. Na terceira parte deste livro, há uma série de desafios chamada Code Mission, que usa apenas este material, papel e lápis para ensinar noções de programação. Você pode se basear nele para construir seu próprio jogo de tabuleiro.

LIDANDO COM ERROS

Antigamente, os computadores eram bem grandes. Por isso, era comum que insetos entrassem neles e causassem danos e mau funcionamento. Desde então, usa-se o termo "bug" ("inseto", em inglês) para se referir a um erro em programas de computador.

No início de qualquer aprendizado, os erros são muito comuns. Na programação, não é diferente. É possível cometer erros até em programas simples. Geralmente, há dois tipos de erro de programação: de sintaxe e de tipo.

LIDANDO COM ERROS NO BASIC

Os erros de sintaxe ocorrem quando você digita alguma palavra errada. Veja a linha abaixo:

```
pront "Bom dia"
```

Talvez você cometa um erro e digite **pront** no lugar de **print**. Ao executar o programa, o BASIC! mostrará na tela a seguinte mensagem:

```
Syntax Error
pront "Bom dia"
```

O programa mostra o tipo de erro e em qual linha ele se encontra. Isso é útil para você poder identificar onde o erro está e, então, corrigi-lo. Agora, veja o seguinte código:

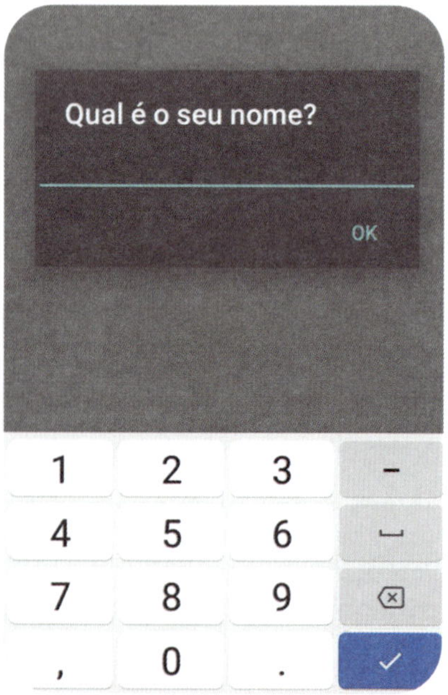


```
input "Qual é o seu nome?", a
print "Bom dia" + a
```

O primeiro problema desse código é a variável numérica **a** em relação à mensagem do comando **input**. A mensagem do **input** pergunta o nome da pessoa. Porém, ao tentar guardar esse nome em uma variável numérica, o BASIC! permitirá inserir apenas números! Ele mostrará o teclado numérico para você.

A não ser que seu nome seja um número, será difícil responder a essa pergunta!

Além disso, depois que você inserir o número, a tela exibirá a mensagem "Extraneous characters in line: a". Isso significa "Caracteres estranhos na linha: a".

Ou seja, o programa está dizendo que a variável **a** é um caractere estranho, pois não é possível unir um texto ("Bom dia") a uma variável numérica. Isso provoca um erro de tipo, pois um texto só pode ser unido a outro texto ou a uma variável de tipo textual.

Sabemos que, em Basic, uma variável textual (String) é rotulada corretamente com um $ no final, como em **A$** ou **nome$**. Portanto, o programa corrigido fica assim:

```
input "Qual é o seu nome?", A$
print "Bom dia" + A$
```

Ao usar uma variável textual, o BASIC! entende que receberá um texto e exibirá o teclado completo (o alfanumérico, com letras e números).

Lembre-se de que números inseridos em uma variável textual são considerados parte de um texto. Não é possível realizar cálculos com eles, como no código abaixo:

```
A$ = "5"
B$ = "10"
print A$+B$
```

O resultado desse código será "510", não 15, pois quando somamos textos o programa apenas junta os conteúdos. Para calcular de fato, sempre use variáveis numéricas, como no código abaixo revisado:

```
A = 5
B = 10
print A+B
```

Não se preocupe se houver um ou mais erros no programa. Apenas preste atenção no que o BASIC! alerta e tente fazer as correções tranquilamente.

LIDANDO COM ERROS EM PYTHON

Em Python, caso você se esqueça de fechar as aspas em **print ("Bom dia)** e rodar o código, o sistema vai mostrar uma mensagem como esta:

```
File "main.py", line 1
    print("Bom dia)
                  ^
SyntaxError: EOL while scanning string literal
```

Ele dirá a linha onde o erro se encontra (line 1) e onde faltam as aspas.

É possível que, ao escrever errado o nome de uma função, como **pront** em vez de **print**, a mensagem seja semelhante a esta:

```
File "main.py", line 1, in <module>
    pront("Bom dia")
NameError: name 'pront' is not defined
```

O sistema alerta sobre um erro de nome afirmando que **pront** não está definido. Isso ocorre porque, em Python, você pode criar instruções com o nome que quiser, usando a instrução **def**, como veremos mais adiante, no código do Caçador de Robôs.

Variáveis de tipos diferentes em Python

Em Python, uma variável será textual ou numérica, de acordo com o que guardamos nela.

Se declararmos que **a = 10**, ela será numérica; porém, se declaramos que **a = "10"** ou que **a = "maracujá"**, ela será textual (String). A diferença está no uso das aspas. Agora, veja o código abaixo:

```
a = input ("Digite um número: ")
b = input ("Digite outro número: ")
print ("A soma é: ")
print (a + b)
```

Em Python, o comando **input( )** recebe sempre uma variável do tipo String (ou seja, textual). No programa da página anterior, se você inserir os valores 4 e 5, o resultado será 45, pois o sinal de + faz o Python juntar o conteúdo de variáveis de texto. Para somar matematicamente, você precisa transformar a variável de texto em variável numérica usando a função **int( )**, conforme o código abaixo.

```
a = input ("Digite um número")
a = int(a)
b = input ("Digite outro número")
b = int(b)
print ("A soma é:")
print (a + b)
```

Erro de indentação em Python

Outro erro comum em Python é o erro de indentação, que é o espaçamento que o programador dá antes de iniciar uma linha de código.

Na maioria das linguagens, esse espaçamento é feito apenas para deixar o código mais legível e organizado visualmente. No caso do Python, é uma necessidade. Por exemplo, quando usamos o comando de repetição **for**, o trecho do programa que será repetido deve estar com recuo em relação ao **for**. Veja o código a seguir como exemplo:

```
for x in range (50):
   print (x)
```

O programa acima funcionará normalmente, mas o de baixo retornará com um erro.

```
for x in range (50):
print (x)

File "main.py", line 2
    print (x)
    ^
IndentationError: expected an indented block
```

Isso ocorrerá, pois, no segundo código, o **print** não está com o espaço necessário.

Também é preciso indentar trechos do código quando lidamos com tomadas de decisão. Veja as estruturas condicionais **if** abaixo:

```
a = input ("Qual sua última nota em história?")
a = int(a)
if a>6:
  print ("Parabéns!")
  b = input ("Você estudou muito?")
  print (b + "!? Entendi.")
if a<7:
  print ("Precisa estudar mais.")
  b = input ("Qual a matéria mais fácil para você?")
  print ("Entendi. " + b + "é interessante!")
print ("Foi bom conversar. Até logo!")
```

Por exemplo, caso você retire o espaçamento da quinta linha, o Python pensará que essa linha está fora do `if a>6`.

Alguns aplicativos de programação Python já colocam esse espaçamento automaticamente após você inserir alguns comandos, em especial após laços de repetição (**for**, **while**, etc.) ou estruturas condicionais (**if**, **else**).

O CELULAR DORMINHOCO

Este código em Basic demonstra como você pode acessar os sensores de seu celular Android. Programe o código abaixo e o execute.

Ao digitar esse código, note que as linhas quebradas devem ser digitadas em uma linha única. Caso contrário, vai gerar um erro na hora da execução.

```
tts.init
sensors.open 1
pause 2000
wakelock 1

do
 sensors.read 1,x,y,z
print y

if y>9 then tts.speak "Estou de pé. Por favor, colo-
que-me deitado. Estou com sono"
if y>1 & y<9 then tts.speak "Estou inclinado. Não con-
sigo dormir desse jeito"
if y<-1 then tts.speak "Estou ficando de cabeça para
baixo. Ninguém merece"
if y>-1 & y<1 then print "Boa noite. ZZZZZ..."

pause 3000
until 0

end
```

Após executar o código, se você deixar o celular em uma superfície plana e reta, como em uma mesa, ele ficará "dormindo", mas, se o inclinar ou deixar de cabeça para baixo, ele reclamará em voz alta.

Para fazer esse programa, usamos o condicional **if... then** para comparar o valor da leitura do sensor com alguns números.

Por exemplo, o valor de **y** fica entre 1 e 9 enquanto o celular está inclinado, mas ainda não totalmente de pé.

Por isso, programamos que, se **y** for maior que 1 e menor que 9, então o celular deverá falar que está inclinado. Ou seja, as duas condições deverão ser verdadeiras para o aparelho acusar isso.

```
y>1 & y<9
```

Em Basic, usamos o símbolo & para representar o "e" ao realizar essas comparações lógicas.

Na posição deitado, o valor **y** do sensor acelerômetro é próximo de zero. Nesse estado, ele mostrará na tela a mensagem de "Boa noite".

Quando você inclina o celular um pouco, o valor de **y** fica maior que 1. Se isso ocorrer, o celular vai reclamar dizendo que está inclinado.

Quando você deixa o celular de pé, na vertical, o valor de **y** fica maior que 9. Se isso ocorrer, o celular vai reclamar dizendo que está de pé.

Quando o celular começar a ficar de cabeça para baixo, o valor de **y** fica menor que -1. Se isso ocorrer, o celular irá reclamar dizendo que está ficando de cabeça para baixo.

DESENHANDO COM O TOQUE

Este código demonstra como você pode desenhar gráficos com comandos de programação em seu dispositivo Android. Para isso, o código ativa o **modo gráfico** do celular com GR.OPEN.

```
gr.open 255, 0, 0, 0
gr.color 255, 255, 255, 255
gr.set.stroke 20
gr.orientation 1

do

do
  gr.touch touched, x, y
 until touched
gr.point p, x, y
 gr.render
until 0
```

Trata-se de um programa de desenho simples. Você pode alterar o tamanho do ponto de desenho na linha **gr.set.stroke 20**. Basta colocar um valor diferente no lugar de 20.

O comando **gr.touch** detecta onde você tocou na tela, guardando as coordenadas em **x** e **y**.

Depois, o comando **gr.point** desenha o ponto no local em que você tocou.
Por enquanto, a tela é preta, e o desenho é branco, mas você pode alterar isso.

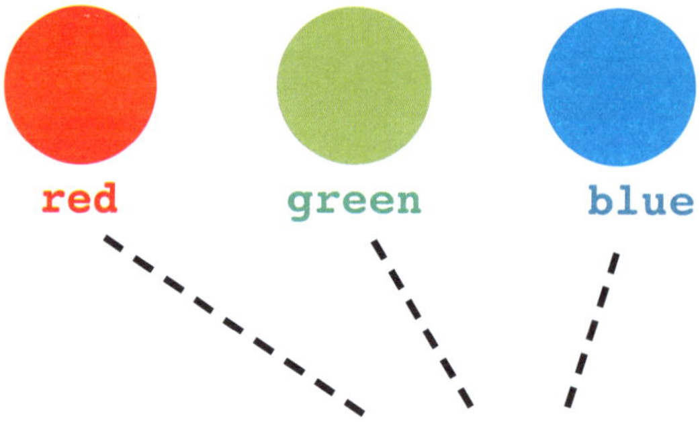


```
gr.color 255, 0, 0, 0
```

A primeira linha do programa inicia o modo gráfico usando o comando **gr.open**. Os três últimos valores determinam a cor da tela, usando o código RGB (Red, Green, Blue). Como os três estão com zero, a cor é preta. Experimente mudar para a cor vermelha (Red), alterando o zero para 255. Salve e rode o programa.

O que você fez foi aumentar a intensidade da cor vermelha para o máximo, que é 255. Agora, experimente alterar os outros dois valores usando diferentes intensidades (desde que seja entre zero e 255). Salve e rode para ver o resultado.

Você notou que a cor resultante depende da variação de intensidade entre o vermelho, o verde e o azul? Colocar todas as cores no valor máximo resultará na cor branca. É como se você estivesse misturando as cores e obtendo outras.

```
gr.color 255, 255, 255, 255
```

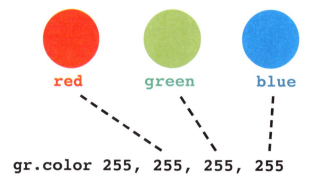

Para mudar a cor do desenho, basta mudar os três últimos valores RGB da linha **gr.color**, de forma semelhante a **gr.open**.

E o primeiro valor?

O primeiro valor determina a opacidade do objeto, e 255 é a intensidade máxima. Desse modo, o objeto terá aparência sólida. Um valor menor deixará o objeto com aparência mais transparente. Já o zero deixará o objeto invisível. Experimente colocar o primeiro valor de **gr.color** como 50 para ver o resultado no desenho.

ENVIANDO MENSAGENS SECRETAS

Este programa permitirá que você crie e envie mensagens codificadas para seus amigos por um aplicativo de mensagens como o WhatsApp e o Telegram, ou até por e-mail.

EM BASIC

Na versão em Basic, para começar, o código pede a você que crie uma senha, a qual deve ser compartilhada com a pessoa que vai receber a mensagem codificada.

Para codificar uma mensagem, você escolhe a opção "codificar" e depois digita a mensagem. O programa vai codificá-la e copiá-la automaticamente para a área de transferência. A mensagem codificada ficará parecida com a da ilustração apresentada.

Então, você poderá colar a mensagem no seu aplicativo favorito e enviar. O programa também permite decodificar. Basta selecionar a opção "decodificar" e digitar ou colar a mensagem codificada que você recebeu pelo aplicativo. O programa vai exibir a mensagem original. Note que usei o comando **pause 5000** para pausar o programa por 5 segundos antes de repetir o laço de repetição **do... until 0**.

CÓDIGO EM BASIC

```
! MENSAGEM SECRETA EM BASIC
input "Digite a senha", senhA$

do   % inicia a repetição

   dialog.message, "Escolha", go, "Decodificar", "Codificar"
   input "Digite ou cole a mensagem", m$

   if go>1 then x$ = encode$ ("encrypt", senha$, m$)
   if go<2 then x$ = decode$ ("encrypt", senha$, m$)

   clipboard.put x$
   print "MENSAGEM COPIADA: "  + x$
   print "COLE NO APP"
popup ("Mensagem copiada para área de transferência")
   print

   pause 5000  % Espera 5 segundos

until 0
```

! COMENTÁRIOS

Você deve ter notado algumas frases em cor diferente comentando o código. Em Basic, você faz isso começando uma linha com o caractere que indica o ponto de exclamação (!). Se quiser comentar em uma linha de código, use o sinal %. Assim, o BASIC! vai ignorar o que você escreveu após o %, não ocasionando erros na execução.

Comentar um código ajuda você a se lembrar do funcionamento dele com mais facilidade ou permite que outro programador o compreenda sem problemas.

EM PYTHON

Fizemos algumas adaptações para rodar esse código em Python, de modo que o resultado é ligeiramente diferente.

CÓDIGO EM PYTHON

Neste programa, algumas linhas iniciam-se com pontos. Então, substitua esses pontos por espaços em branco. Isto é, dois pontos devem ser substituídos por dois espaços. Quatro pontos devem ser substituídos por quatro espaços. Isso o ajudará a indentar o código corretamente. Leia mais sobre indentação no tópico "Lidando com erros", na página 31.

```
# MENSAGEM SECRETA EM PYTHON

W = "S"

while W=="S": # inicia as repetições
..t = input ("Cifrar(1) ou decifrar(2)?")

..MSG = input("Digite a mensagem com letras em maiúsculo:")

..A = "ABCDEFGHIJKLMNOPQRSTUVWXYZ,.?!Ç ÁÀÃÉÊÍÓÕÔÚ"
..K = "POIUYTREWQLKJHGFDSAMNBVCZX,.#%@ 123456789*"

..CODE = ""
..if t == "1":

...for i in range (len(MSG)):
....x = A.index(MSG[i])
....CODE = CODE + K[x]

..if t == "2":
...for i in range (len(MSG)):
....x = K.index(MSG[i])
....CODE = CODE + A[x]

..print (CODE) # Mostra a mensagem alterada
..print()
..W = input ("Mais alguma mensagem? S ou N.")
```

Basicamente, esse programa substitui as letras da mensagem digitada pelas letras da variável **K**, conforme a ordem no alfabeto; ou faz o inverso, substituindo a mensagem cifrada pelas letras da variável **A**.

Ou seja, ele cifra ou decifra, dependendo de sua escolha no início do código. Digite 1 para cifrar ou 2 para decifrar.

Por exemplo, se você decidir cifrar uma mensagem que tem a letra **A**, ele vai substituí-la pela letra **P**; a letra **B** será substituída pela letra **O**, e assim por diante. A palavra "BOLA" seria substituída por "OGKP".

Por ser um programa simples, há algumas limitações. Para cifrar uma mensagem, você deve inserir apenas os caracteres contidos na variável **A**. Portanto, se você digitar um número, uma letra minúscula ou um símbolo como "=" ou "%", o programa vai indicar erro. Apesar disso, ele é muito útil para você trocar informações privadas com seus amigos. Dica: no lugar de digitar os algarismos arábicos "2, 5, 40...", você pode escrever "DOIS, CINCO, QUARENTA, etc.".

COMENTÁRIOS

Você deve ter notado algumas frases comentando o código. Em Python, você faz isso colocando uma hashtag (#). O que estiver escrito depois desse caractere será considerado comentário, não ocasionando erros na execução.

Comentar um código ajuda você a se lembrar do funcionamento dele com mais facilidade ou permite que outro programador o compreenda sem problemas.

Por fim, MYHEP NJ OGJ UWP. OGHA YAMNUGA Y OGP UWBYSAPG IGJ AYNA PJWRGA.

Decifre a mensagem acima no programa criado por você!

DESAFIO MATEMÁTICO

Decorar a tabuada de multiplicação sempre foi útil na escola. O programa abaixo é um jogo simples com dez questões de multiplicação. No final, ele diz sua pontuação e o tempo que você demorou para responder a elas. Você pode usar o jogo para competir com seus amigos. Quem conseguirá responder a todas as questões corretamente e no menor tempo?

CÓDIGO EM BASIC

```
pontos = 0
ti = clock( )

for t = 1 to 10
 A=floor(9*rnd( )+1)
 B=floor(9*rnd( )+1)
 A$=str$(A)
 B$=str$(B)
 A$=trim$ (A$,".0")
 B$=trim$(B$,".0")
 input "Quanto é " + A$ + " x " + B$ + " ?", resposta
 correta = A*B
 if resposta = correta
  print "Resposta correta"
  pontos = pontos + 1
 else
  print "Resposta errada"
 endif
next t

tf = clock( )
print
print "Sua pontuação:"
print pontos
print "Seu tempo em segundos:"
print (tf-ti)/1000
```

O programa começa zerando os pontos. As linhas escolhem números aleatórios entre 1 e 9, e eles são armazenados nas variáveis **A** e **B**.

Na sexta e na sétima linha, o conteúdo das variáveis é transformado em texto, por meio da função **str$( )**. Isso é feito porque o comando **input** só exibe conteúdo textual.

O que o usuário responde é armazenado na variável numérica **resposta**.

Se a **resposta** for igual à variável **correta**, então o usuário ganha um ponto. Senão (**else**), o programa apenas mostra a frase "Resposta errada".

A função **clock** é calculada no início e no final do código. Ao subtrair a última medição de tempo com a primeira, temos o resultado em milissegundos. Dividimos por mil para exibir o resultado em segundos.

CÓDIGO EM PYTHON

Lembre-se de substituir os pontos no início das linhas do programa por espaços em branco, de modo a indentar o código corretamente.

```
import random
from time import time
pontos = 0
tempo = time()
ti = int(tempo)
for t in range (10):
..A=random.randint(1,9)
..B=random.randint(1,9)
..a=str(A)
..b=str(B)
..resposta = input ("Quanto é" + a + "x"  + b + "?")
..resposta = int(resposta)
..correta = A*B
..if (resposta == correta):
....print ("Resposta correta")
....pontos = pontos + 1
..else:
....print ("Resposta errada")
tempo = time()
tf = int(tempo)
```

```
print ()
print ("Sua pontuação")
print (pontos)
print ("Seu tempo em segundos:")
print (tf-ti)
```

O programa começa importando o módulo **random** e a função **time( )**.

Aqui, a pontuação é zerada, e o tempo inicial é calculado na variável **ti**.

Na sexta linha, o programa inicia o laço de repetição com o **for**. Nele, o código escolhe números aleatórios entre 1 e 9 e armazena-os nas variáveis **A** e **B**.

Na nona e na décima linha, o conteúdo das variáveis **A** e **B** é transformado em texto, por meio da função **str( )**. Isso é feito porque o comando **input** só exibe conteúdo textual.

O que o usuário responde é armazenado na variável **resposta**.

Se a resposta for igual à variável correta, então o usuário ganha um ponto. Caso contrário (**else**), o programa apenas mostra a frase "Resposta errada".

Após o fim do laço de repetição **for**, na linha 18, a função **time( )** é calculada novamente e armazenada em **tf**. Ao subtrair a última medição de tempo (**tf**) com a primeira (**ti**), temos o resultado em segundos.

Como você viu nesse programa, algumas instruções em Python são acessadas apenas se você informar que vai usá-las.

Um exemplo é a função que escolhe números ao acaso, a **randint( )**, pertencente ao módulo **random**. Outro exemplo é a função **time( )**, do módulo **time**. Você informa ao Python que vai usar esses módulos por meio da instrução **import**.

Há mais duas informações importantes sobre esse programa. A primeira é o uso da função **str( )** para transformar o conteúdo de uma variável numérica em uma String (variável textual). Fizemos isso para criar novas variáveis e exibir o conteúdo na pergunta "Quanto é a x b?". Ou seja, a função **str( )** faz o inverso da função **int( )**.

A segunda é que o Python diferencia variáveis maiúsculas de variáveis minúsculas.

Você também deve ter notado o uso do **else** em conjunto com o **if**. Tanto em Basic quanto em Python, o **else** é uma forma de dizer o que o programa fará caso a condição do **if** seja falsa.

É como dizer algo assim: "Se o jogador acertar a pergunta, diga que ele acertou e acrescente um ponto. Senão, diga que errou".

Agora, um desafio de programação: qual mudança você faria no código para que o programa lhe perguntasse vinte vezes em vez de apenas dez?

O CAÇADOR DE ROBÔS

Neste jogo, o caçador tenta encontrar o robô fugitivo. Cada jogador tem um mapa secreto no qual marca sua posição (como você pode ver no exemplo). Ao informar ao programa as coordenadas, ele responde dizendo a distância aproximada que separa os adversários. Isso ajuda os jogadores a escolher a próxima jogada.

O caçador vence se chegar a menos de 1,5 quadrado de distância do robô. Porém, o robô vence se, após dez rodadas, o caçador ainda não o tiver encontrado.

AS REGRAS DO JOGO

- Cada jogador terá um papel com um grid de 20 x 20 quadrados, numerados conforme a ilustração abaixo.
- O jogador que será o caçador escolhe qualquer quadrado à direita da divisória para começar o jogo e usa um lápis para marcar sua posição inicial. Também pode usar uma moeda ou algum objeto pequeno para fazer essa marcação.
- O jogador que será o robô também marca onde ele vai começar, mas no lado esquerdo do mapa. Os jogadores devem manter seus mapas ocultos um do outro.
- Antes de começar o jogo, programe e rode o código da página seguinte. A cada rodada, os jogadores podem mover duas casas em qualquer direção. Depois dessa ação, cada jogador insere sua nova posição no programa, em coordenadas, sem que o outro veja.
- Depois, o programa dirá a distância aproximada (em quadrados) que um está do outro.

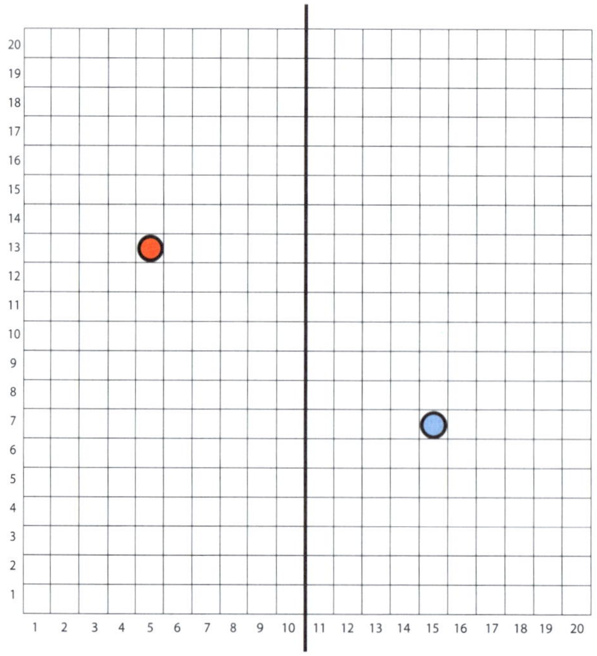

ALTERANDO O JOGO

O jogo pode ficar mais desafiador se o mapa tiver obstáculos, como paredes, para os jogadores desviarem. Assim, em vez de esperar dez rodadas, a vitória do robô pode ser alcançada se ele chegar à borda direita do mapa sem ser encontrado pelo caçador.

Talvez você queira acrescentar uma regra dizendo que, caso o caçador e o robô se encontrem, haverá um combate entre os adversários. Mas como você decidirá quem será o vencedor do combate?

CÓDIGO EM BASIC

Em Basic usa-se o ponto como separador decimal no lugar da vírgula.

```
r= 0
do
  print "Vez do robô."
  input "Posição do robô (latitude)", A
  input "Posição do robô (longitude)", B
  cls
  print "Agora é a vez do caçador."
  pause 3000
  cls
  input "Posição do caçador (latitude)", C
  input "Posição do caçador (longitude)", D
  cls
  X = sqr((A-C)*(A-C)+(B-D)*(B-D))
  X = round(x,1)
  X$ = str$(X)
  print "Vocês estão a " + X$ + " casas um do outro."
  if X<1.5 then print "Robô encontrado."
  if X<1.5 then end
  if R>10 then print "Robô escapou."
  if R>10 then end
  r=r+1
  pause 5000
until 0
end
```

Veja que usamos o comando **CLS**. É uma abreviação de Clean Screen, ou "Limpe a tela". Ele apaga tudo o que foi escrito na tela.

CÓDIGO EM PYTHON

```
from time import sleep
import math

def limpar( ):
..for i in range (50):
....print ( )

vitoria = 0
r = 0
while (vitoria==0):
..limpar( )
..print ("Vez do robô.")
..A = input ("Posição robô (latitude)")
..A = int (A)
..B = input ("Posição robô (longitude)")
..B = int (B)
..limpar( )
..print ("Agora é a vez do caçador.")
..C = input ("Posição caçador (latitude)")
..C = int (C)
..D = input ("Posição caçador (longitude)")
..D = int (D)
..limpar( )
..X = math.sqrt ((A-C)*(A-C) + (B-D)*(B-D))
..z = str (round(X, 1))
..print ("Vocês estão a " + z + "casas um do outro.")
..if X<1.5:
....print ("Robô encontrado.")
....vitoria = 1
..if r>10:
....print ("Robô escapou.")
....vitoria = 1
..r=r+1
..sleep (5)
```

A função **sleep(5)**, que significa "dormir", em português, e que importamos do módulo **time**, é usada nesse código para indicar uma espera de 5 segundos enquanto é exibida a distância entre o caçador e o robô.

Já o módulo **math**, que significa "matemática", é usado com a função **math.sqrt( )**. **Sqrt** é abreviação de "square root" (raiz quadrada), essencial para calcular a distância entre os adversários.

Note também que há uma função chamada **limpar( )**, escrita em português. Não, não é um erro. Nós mesmos definimos essa função no início do código usando a instrução **def**. Ela permite limpar a tela escondendo as coordenadas de cada adversário assim que são digitadas pelos jogadores.

Na prática, ela faz os resultados exibidos na tela "subirem" 50 linhas, até ficarem fora da tela. Ainda é possível vê-los se você rolar a tela, mas bons competidores não precisam fazer isso, não é?

</> CÓDIGOS E AVENTURAS

O ano é 2175. Você está correndo entre corredores e salas de uma antiga base militar, sendo perseguido por um bando de Zektrons, robôs alienígenas. Então, dá de cara com um campo de força bloqueando seu caminho. Sem saber a senha que o desativa, você conecta seu computador portátil no painel de controle na parede e, após invadir o sistema, lista na tela o código que controla o campo de força. Você precisa analisar o programa e encontrar a senha que o desativa, antes que os Zektrons o encontrem. E agora? O que vai fazer? Preparar-se para enfrentar os robôs com sua arma a laser? Atirar contra o painel de controle e torcer para que isso desative o campo de força? Ou acha melhor ter mais paciência e analisar o código em busca da senha? Há passos se aproximando...

Ao ler o texto acima, você tem a mesma experiência de ler um gamebook, ou livro-jogo. Nesse tipo de literatura, você é colocado na história e precisa tomar decisões cruciais que alteram a narrativa e, muitas vezes, o fim da história. O que você faria?

Os livros-jogos mais famosos foram lançados na década de 1980, como os da série Aventuras Fantásticas, nos quais o leitor é inserido em um mundo de fantasia medieval, onde deve lidar com feiticeiros e monstros. Além de precisar tomar decisões, como confiar ou não em certos personagens ou abrir uma porta ou seguir explorando um corredor, o leitor joga dados para ver se consegue vencer os monstros e outros obstáculos.

MICRO AVENTURA

Também na década de 1980, a editora Nova Cultural publicou no Brasil a série Micro Aventura, cujos livros também colocam o leitor como personagem principal das aventuras.

No entanto, a interação do leitor com a história se dá por meio de programas de computador. Por exemplo, em muitos livros, você está na pele de um jovem agente secreto que luta contra uma organização maligna. No início das histórias, você recebe uma missão, a qual está descrita em uma mensagem secreta, e a única forma de decifrá-la é utilizando um programa de computador que já vem no livro.

Cada livro da série Micro Aventura tem de seis a oito programas que tentam simular diferentes situações, como decifrar uma mensagem secreta, pousar um avião em segurança ou até mesmo viajar no tempo.

AVENTURAS COM PROGRAMAÇÃO

Pensando em criar aventuras com a interatividade de um livro-jogo e com alguns desafios envolvendo programas de computador, dois contos foram escritos: *As selvas de Andor* e *O portal dos deuses*.

Essas obras têm regras simples que não precisam de jogadas de dados para resolver combates ou passar por obstáculos. Precisam apenas de bom senso, raciocínio e conhecimento do leitor.

Em *As selvas de Andor*, lançado em 2020, você está na pele de John Hawk, piloto espacial que caiu em Andor, planeta distante e dominado por uma imensa floresta cheia de perigos. Sua missão é encontrar uma forma de sair vivo do planeta enquanto exercita programação Python e Logo, assim como um pouco de física e geometria.

Já em *O portal dos deuses*, lançado em 2021, você e dois amigos precisam escapar de uma fortaleza fantástica controlada por um cientista sem escrúpulos. Robôs gigantes, armas futuristas, cinturões antigravitacionais, enigmas e desafios para decifrar códigos são elementos frequentes nessa aventura, a qual envolve um antigo mistério da humanidade.

As obras citadas, além de incentivarem a leitura por meio de uma narrativa envolvente e repleta de mistérios, convidam os leitores a participar e a pensar, não a serem observadores passivos que apenas torcem para os heróis vencerem no final.

Fonte: Datassette

Nas obras da série Micro Aventura, o leitor participa da história por meio de programas na linguagem Basic.

Fonte: Nestor Bularmaqui

Nas obras *As selvas de Andor* e *O portal dos deuses*, além de decidir o que o personagem principal fará em várias situações durante a aventura, você deve resolver enigmas, problemas matemáticos e, em algumas situações, desafios envolvendo programas de computador em Python.

VICK, O AGENTE SECRETO

A partir de agora, você é Vick Grace, agente secreto que acaba de ser chamado para uma missão. A Central informou que os detalhes serão repassados para você no parque florestal da cidade, como de costume. Está pronto?

Esta história é uma mistura de quadrinhos com desafios envolvendo programação. Você terá que digitar (ou copiar e colar) alguns programas para decifrar mensagens secretas e vencer obstáculos. Será que conseguirá impedir os planos da organização criminosa conhecida como SMERG*?

*Sociedade para o Medo E a Revolta Global.

Em pouco tempo, você se lembra do seu treinamento sobre como decifrar os códigos da Central. Para decodificar a mensagem manualmente, é preciso substituir cada letra da mensagem pela letra anterior na ordem alfabética.

Por exemplo, onde há um B, você deve trocar por um A; onde há um P, é preciso trocar por um O. Entendeu? Por enquanto, você não precisa se preocupar com os números no final da mensagem.

Faça isso com todas as letras e você saberá o que o contato quis dizer. Mas, se achar esse processo demorado demais, pode digitar o programa a seguir, rodá-lo e agilizar a decodificação.

CÓDIGO EM BASIC

```
input "Digite a mensagem", m$
for x=1 to len(m$)
  y=ascii(m$,x)-1
  code$ = code$ + chr$(y)
next x
print code$
```

CÓDIGO EM PYTHON

```
code = ""
M = input ("Digite a mensagem:")
for x in range (len(M)):
..y = ord(M[x]) - 1
..code = code + chr(y)
print (code)
```

Você e seus amigos podem usar o programa para trocar mensagens secretas. Só tome cuidado para os outros não descobrirem o segredo para decodificar suas conversas.

COMO O PROGRAMA FUNCIONA

O programa em Basic usa a função **ascii( )**. Seu objetivo é transformar o caractere de uma variável String em seu valor decimal, na tabela ASCII. Em Python, isso é feito pela função **ord( )**.

Ao pegar o valor retornado pela função e subtrair 1, o resultado é o valor ASCII da letra imediatamente anterior (veja na terceira linha do código em Basic e na quarta linha do código em Python). Exemplo: a letra M tem o valor de 77; com menos 1, fica 76; esse é o valor da letra L.

Com esse novo valor ASCII, a função **chr$( )** faz o processo inverso, transformando-o em uma letra e colocando-o na variável **code$**. Em Python, isso é feito pela função **chr( )**, que armazena o valor na variável code.

Note que isso é feito dentro de uma repetição **for**. Ele repete uma quantidade de vezes, de acordo com o tamanho da mensagem digitada em **input**.

Nas duas linguagens, a quantidade de letras da mensagem é obtida com a função **len( )**, abreviação de length (comprimento).

Ou seja, em Basic, **len (m$)** retorna a quantidade de caracteres dentro da variável **m$**. Em Python, isso é feito com **len (M)**, que retorna a quantidade de caracteres da variável **M**.

TABELA ASCII DAS LETRAS MAIÚSCULAS

LETRA	VALOR
A	65
B	66
C	67
D	68
E	69
F	70
G	71
H	72
I	73
J	74
K	75
L	76
M	77
N	78
O	79
P	80
Q	81
R	82
S	83
T	84
U	85
V	86
W	87
X	88
Y	89
Z	90

A tabela ASCII, acrônimo de *American Standard Code for Information Interchange* (Código Americano Padrão para o Intercambio de Informações), é um conjunto de valores que representam caracteres e códigos de controle armazenados ou utilizados em computadores.

CONTINUA NA PÁGINA 56

NOTAS MUSICAIS

As notas musicais são representadas pelas sílabas Dó, Ré, Mi, Fá, Sol, Lá, Si. Cada uma dessas notas é um som que vibra em determinada frequência.

Em Basic, o comando **tone** emite um tom em uma frequência, durante um tempo (em milissegundos). Ou seja, se você programar **tone 500, 1000**, o dispositivo emitirá o tom da frequência 500 durante 1 segundo.

O código abaixo usa o comando **kb.show** para exibir o teclado virtual, e o **inkey$**, para saber qual tecla você está digitando.

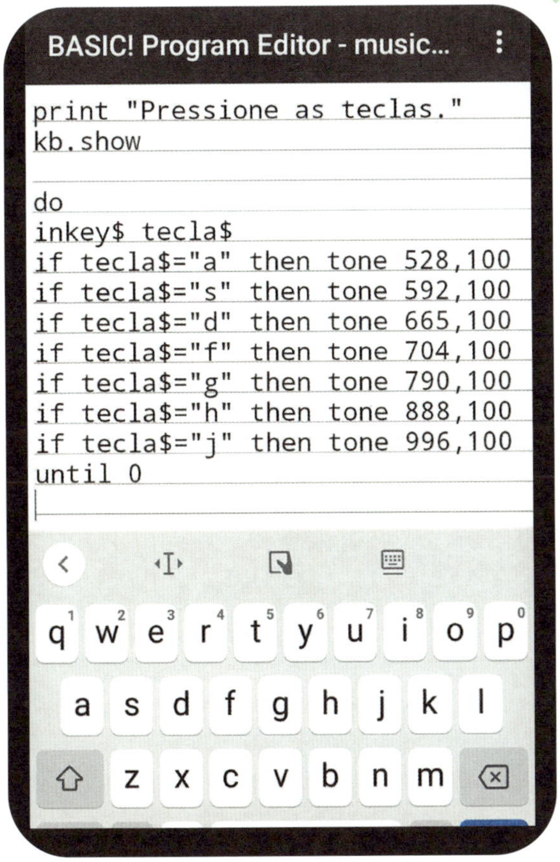

```
print "Pressione as teclas."
kb.show

do
inkey$ tecla$
if tecla$="a" then tone 528,100
if tecla$="s" then tone 592,100
if tecla$="d" then tone 665,100
if tecla$="f" then tone 704,100
if tecla$="g" then tone 790,100
if tecla$="h" then tone 888,100
if tecla$="j" then tone 996,100
until 0
```


Note que a primeira linha com o **if** diz que, se a tecla "a" for pressionada, então será emitido o tom na frequência 528, durante 0,1 segundo.

528 é a frequência da nota musical Dó. Algo semelhante ocorre para as teclas "s", "d", "f", "g", "h" e "j", relacionando-as com as demais frequências das notas musicais.

Ou seja, o código transforma seu celular em um simples teclado musical. No entanto, isso pode ser melhorado. Na página seguinte, adicionamos mais linhas ao código para ampliar a variação de notas.

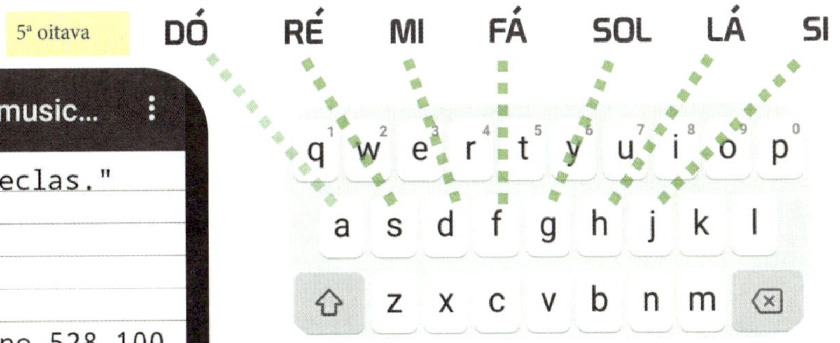

Essas são as sete notas musicais, que se iniciam com o DÓ na quinta oitava (na frequência de 528) e terminam com o SI na frequência de 996. Para executar músicas mais complexas, sugerimos adicionar outra oitava de notas musicais, como você pode ver a seguir.

TONS FAMOSOS

Para executar tons um pouco mais complexos, como os indicados abaixo, você precisa de mais uma oitava de notas musicais. Para isso, acrescente as linhas para as teclas de Z até M, conforme o código da página a seguir.

Super Mario Bros.

Esse game do Super Mario, lançado em 1985, começa com as seguintes notas: "Mi Mi Mi Dó Mi Sol Sol". Em nosso programa, elas podem ser tocadas usando as seguintes teclas:

C C C Z C B G

Super Smash Bros. Ultimate

A canção *Lifelight* é tocada na abertura do game *Super Smash Bros. Ultimate*. O início da música pode ser tocado com as seguintes letras:

S D F
S F Z J H J G

Contatos imediatos do terceiro grau

No filme *Contatos imediatos do terceiro grau* (1977), os alienígenas se comunicam com a humanidade usando variações de apenas cinco notas musicais (Ré Mi Dó Dó Sol), representadas pelas seguintes letras em nosso código:

X C Z A G

Star Wars

O início da famosa *Marcha Imperial*, do filme *Star Wars* (1977), pode ser ouvido se você pressionar as teclas na sequência a seguir:

H H H
F Z H
F Z H

Legend of Zelda: Ocarina of Time

Quando o personagem Link se encontra com Saria, sua amiga de infância, ela ensina-lhe a *Canção de Saria*. Você pode tentar executar o início dessa música usando as teclas abaixo.

F H J
F H J
F H J C X
J Z J G D
S D G D

Para nosso código, usamos as frequências da quinta e sexta oitavas. A diferença entre elas é que a sexta oitava tem notas mais agudas, embora sejam as mesmas.

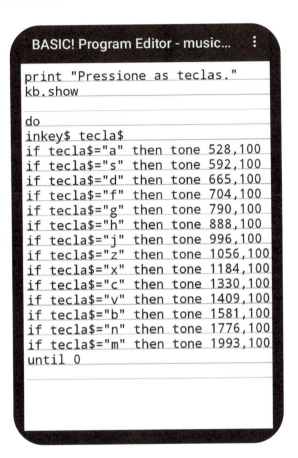

BASIC! Program Editor - music...

```
print "Pressione as teclas."
kb.show

do
inkey$ tecla$
if tecla$="a" then tone 528,100
if tecla$="s" then tone 592,100
if tecla$="d" then tone 665,100
if tecla$="f" then tone 704,100
if tecla$="g" then tone 790,100
if tecla$="h" then tone 888,100
if tecla$="j" then tone 996,100
if tecla$="z" then tone 1056,100
if tecla$="x" then tone 1184,100
if tecla$="c" then tone 1330,100
if tecla$="v" then tone 1409,100
if tecla$="b" then tone 1581,100
if tecla$="n" then tone 1776,100
if tecla$="m" then tone 1993,100
until 0
```

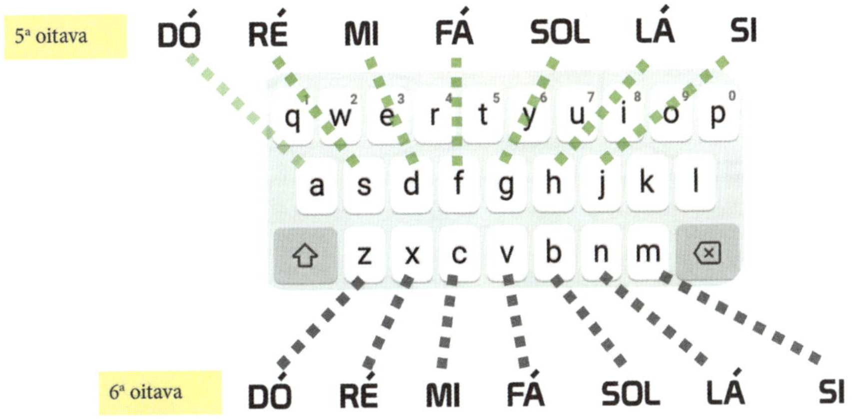

Para deixar o código simples e menor, não programamos as teclas que representam os bemóis e os sustenidos. Porém, nada impede de você pesquisar quais são as frequências dessas notas e programar novas teclas.

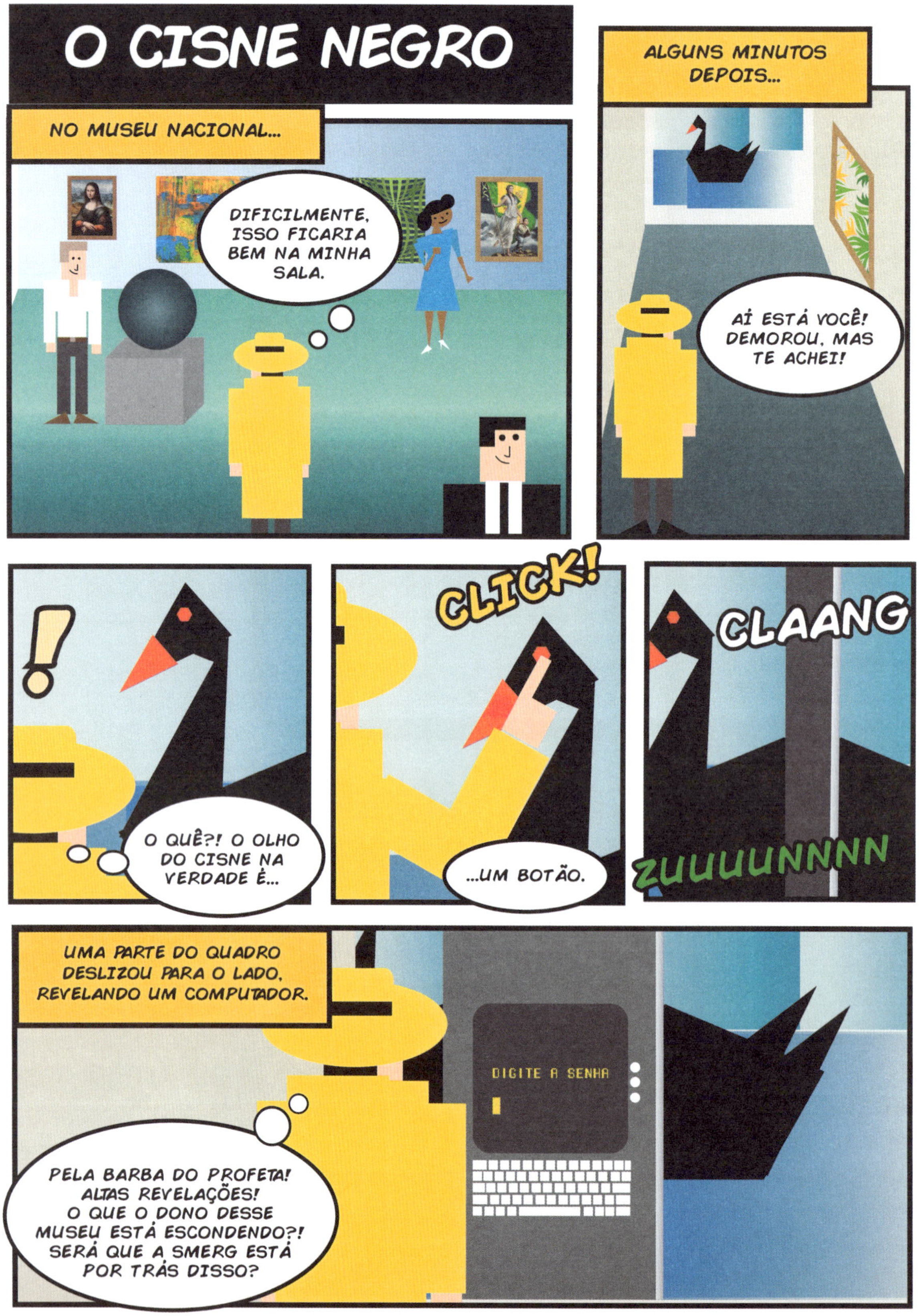
O CISNE NEGRO
NO MUSEU NACIONAL...
DIFICILMENTE, ISSO FICARIA BEM NA MINHA SALA.
ALGUNS MINUTOS DEPOIS...
AÍ ESTÁ VOCÊ! DEMOROU, MAS TE ACHEI!
!
O QUÊ?! O OLHO DO CISNE NA VERDADE É...
CLICK!
...UM BOTÃO.
CLAANG
ZUUUUNNNN
UMA PARTE DO QUADRO DESLIZOU PARA O LADO, REVELANDO UM COMPUTADOR.
DIGITE A SENHA
PELA BARBA DO PROFETA! ALTAS REVELAÇÕES! O QUE O DONO DESSE MUSEU ESTÁ ESCONDENDO?! SERÁ QUE A SMERG ESTÁ POR TRÁS DISSO?

Para descobrir a senha, basta traduzir os números binários que estão na mensagem encontrada por Vick Grace no parque florestal. Note que, no final da mensagem, há quatro linhas com os números zero e um. Os números binários são assim chamados por serem compostos apenas por dois valores: 0 e 1. Seguindo regras simples, você pode transformar um número binário em um número comum.

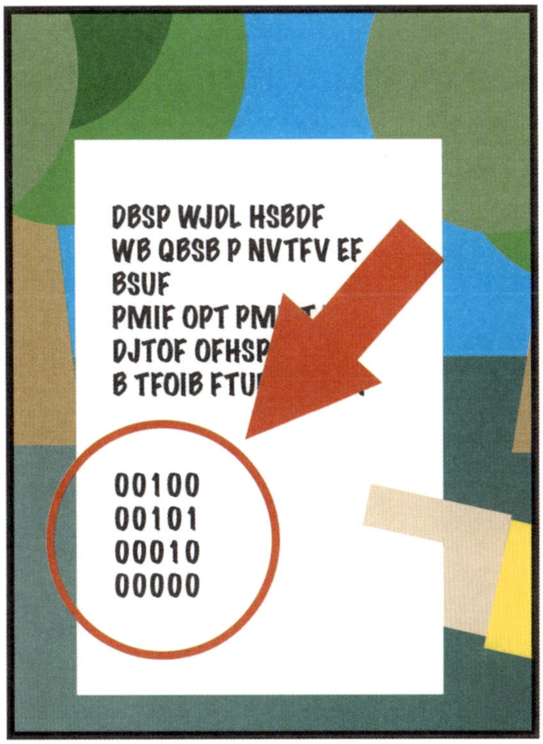

Cada posição tem um valor, conforme o esquema acima. A primeira posição vale 16. A segunda vale 8. E assim por diante, até a última posição, que vale 1. Uma forma de lembrar esse esquema é saber que cada posição vale metade do valor da anterior.

Agora, para cada linha, é só somar os valores que estão com o número 1 e desconsiderar os valores com o número 0.

Por exemplo, o número binário 10001 é igual a 17, pois apenas a primeira (16) e a última posição (1) estão com o número 1. Como 16 + 1 é igual a 17, então esse é o valor do código binário 10001. Entendeu?

Agora é a sua vez! Transforme cada linha de números binários em números comuns para descobrir a senha do painel secreto. Depois, programe e rode o código a seguir para saber se você acertou.

CÓDIGO EM BASIC

Ao digitar esse código, note que as linhas quebradas devem ser digitadas em uma linha única. Caso contrário, vai gerar erro na hora da execução.

```
tentativas = 0
s$ = "945209"

do
 tentativas = tentativas + 1
 input "DIGITE A SENHA", senha$
 if senha$=trim$(s$, "9")
 print "Senha correta. A outra parte do quadro desli-
zou para o lado, revelando uma porta. Você conseguiu."
 end
 endif
until tentativas = 3
print "Fim das tentativas. O quadro deslizou de volta,
ocultando o painel. Você não conseguiu."
```

Depois de rodar o programa acima, você estará na pele de nosso agente secreto. Espero que já tenha descoberto a senha. Você só tem três chances!

O programa usa o seguinte laço de repetição:

```
do... until tentativas = 3
```

Isso significa "faça isso até que a variável tentativas seja igual a 3". Ou seja, o programa repete o que está entre essas linhas até a condição ser verdadeira.

A variável **tentativas** começa igual a 0, mas, a cada repetição, é somada a 1 na linha onde está escrito: **tentativas = tentativas + 1**.

Isso foi feito para dar ao leitor três chances de acertar a senha.

Depois dessas três tentativas, o programa se encerra.

CÓDIGO EM PYTHON

Ao digitar esse código, note que as linhas quebradas devem ser digitadas em uma linha única. Caso contrário, vai gerar erro na hora da execução.

```
import math
vitoria = 0
tentativas = 0

x = math.floor(ord("-"))
x = str(x)
y = math.floor(ord("(")/2)
y = str(y)
s = x+y

while tentativas < 3:
..senha = input ("DIGITE A SENHA: ")
..if senha == s:
....print ("Senha correta. A outra parte do qua-
dro deslizou para o lado, revelando uma porta. Você
conseguiu.")
....vitoria = 1
....tentativas = 3
..tentativas = tentativas + 1

if vitoria == 0 : print ("Fim das tentativas. O quadro des-
lizou de volta, ocultando o painel. Você não conseguiu.")
```

A função **ord( )** foi usada para obter os valores ASCII de dois caracteres: "-" e "(", de modo a gerar uma senha difícil de ser descoberta logo de cara, apenas lendo o código. Ela fica armazenada na variável **s**.

A instrução de repetição **while**, que, em português, significa "enquanto", repete o que estiver em seu interior enquanto uma condição for verdadeira. No caso, a condição é a variável **tentativas** ser menor que 3.

Ou seja, o programa para de repetir quando a variável tentativas for igual ou maior que 3. A variável **tentativas** começa igual a 0, mas, a cada repetição, é somada a 1 na linha onde está escrito: **tentativas = tentativas + 1**.

Isso foi feito para dar ao leitor três chances de acertar a senha.

CONTINUA NA PÁGINA 62

CARA OU COROA?

Assim como os computadores, os celulares também podem "escolher" números ao acaso. É possível, por exemplo, simular uma jogada de dados ou pedir que o aparelho escolha um número qualquer de 1 a 100.

CÓDIGO EM BASIC

```
print "Pressione espaço"
kb.show

do
 inkey$ tecla$
 if tecla$ = " "
   M = rnd( )
   if M>=0.50 then print "CARA"
   if M<0.50 then print "COROA"
 endif
until 0
```

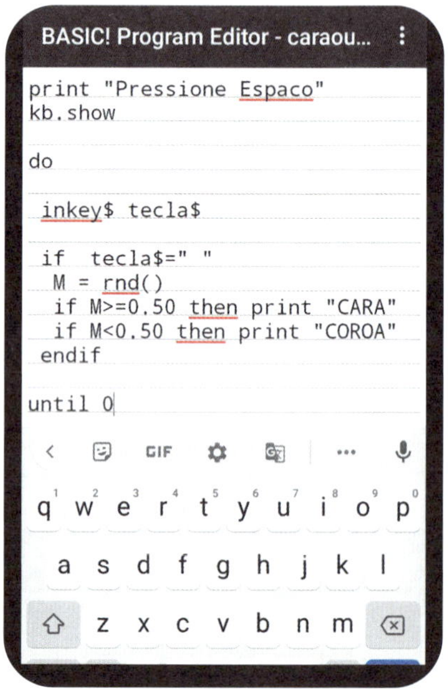

O código acima faz com que, ao pressionar a tecla de espaço, seu celular simule uma jogada de cara ou coroa, exibindo o resultado na tela.

rnd( )

Rnd é uma abreviação da palavra random, que significa "aleatório".

O comando **rnd( )** escolhe um valor entre 0 e 1.

O código diz que, se o valor for igual ou maior que 0,50, deve-se exibir a palavra "CARA" na tela.

Se for menor que 0,50, então será exibido "COROA" na tela.

if… endif

Usar a estrutura **if… endif** permite que você declare várias linhas de comando, que serão executadas com base na condição em **if**. O comando **endif** apenas determina o fim das linhas que estão em **if**. Note que, no código, existem três linhas que serão executadas se você pressionar a tecla de espaço.

kb.show

KB é uma abreviação de keyboard (teclado). Já a palavra show significa "mostrar". Ou seja, o comando **kb.show** significa "mostre o teclado" e faz com que o BASIC! exiba o teclado virtual de seu celular.

inkey$

Key significa "chave". Nesse contexto, porém, quer dizer "tecla". Assim, inkey pode ser traduzido como "entrada de teclas".

Esse comando verifica qual tecla você pressionou e armazena o dado em uma variável String. Nesse código, trata-se da variável que nomeamos de **tecla$**.

Se **tecla$** for igual à tecla de espaço, então o comando **rnd( )** é executado, e o celular verifica se o resultado é maior ou menor que 0,50.

CÓDIGO EM PYTHON

O código demonstrado escolhe um número entre 0 e 100. Se for menor ou igual a 50, então ele exibe o texto "CARA". Caso contrário, exibe "COROA". Como visto, trata-se de uma simulação de uma jogada de moeda, e a chance de cada lado cair para cima é de 50%. Ao final, o código pede para escolher entre exibir outro resultado e encerrar o programa.

```
import random
t = "0"
while t == "0":
  x = random.randint(0,100)
  if x<=50:
    print ("CARA")
  else:
    print ("COROA")
  t = input ("Digite 0 para novo resultado e 1 para encerrar.")
```

JOGANDO DADOS

Você pode usar o pequeno código ao lado para simular a jogada de um dado comum de seis lados.

Para simular a jogada de dados com 4, 8, 10, 12 ou mais faces, basta alterar o valor 6 para o que você quiser.

BASIC

```
dado = FLOOR(6 * RND( ) + 1)
 PRINT dado
```

PYTHON

```
import random
dado = random.randint(1,6)
print (dado)
```

UMA INCRÍVEL DESCOBERTA

Nas próximas páginas, você encontrará um programa (versões em Basic e em Python). Ao rodá-lo, terá que inserir o número da frequência que Vick usará para tentar derrubar a porta que o aprisiona. Sempre que o programa é iniciado, o valor da frequência da porta é escolhido aleatoriamente, entre 1 e 100.

O programa permite que você adivinhe esse valor em cinco tentativas. Caso adivinhe um valor próximo o suficiente, a porta vai vibrar, e você será bem-sucedido. Porém, se inserir um valor muito alto ou muito baixo, não terá êxito. Boa sorte!

CÓDIGO EM BASIC

```
T = 0
L = 0
H = 0
FP = floor (100 * rnd( ) + 1)
fp$=str$(FP)
do
input “Digite a frequência”, FR
print FR
if abs(FP-FR) <= 5
print “A porta vibrou, e a tranca foi destruída. Você escapou.”
print “A frequência da porta era:” + FP$
end
elseif FP-FR > 40
print “Cuidado. Frequência muito baixa. A sala começou a tremer.”
L=L+1
elseif FR-FP > 40
print “Cuidado. Frequência muito alta. Seus ouvidos doem.”
H=H+1
else
print “Nenhum efeito”
endif
if L=3
print “A sala desmoronou sobre você. Fim de jogo.”
end
elseif H=3
print “Você não suportou a dor de cabeça e desmaiou. Fim de jogo.”
end
endif
T=T+1
pause 3000
until T>4
print “Acabaram suas tentativas.”
print “Os guardas ouviram o barulho e chegaram para tirar o relógio de você.”
print “A frequência da porta era: ” + FP$
```

Este programa escolhe um valor entre 1 e 100 e o armazena na variável **FP** (Frequência da porta).

Depois que o usuário digita a frequência a ser emitida pelo relógio de Vick Grace, o **input** a armazena na variável **FR** (Frequência).

Em seguida, a estrutura condicional que começa com **if** e termina em **endif** verifica se a diferença entre **FP** e **FR** é igual ou menor que 5.

Note o uso da função **abs( )**. Ela serve para obtermos o valor absoluto de um número. Ou seja, a função **abs** (-10) é igual a 10.

Se a diferença não for menor ou igual a 5, então o programa verificará a próxima condição em **elseif**. Caso não seja verdadeira, ele verificará a próxima.

Após o **endif**, há outra estrutura condicional **if... endif** para verificar se a sala ou Vick suportam as frequências já digitadas.

Sempre que uma frequência for muito alta (acima de 40 do número correto), a variável **H** receberá +1.

Sempre que a frequência for muito baixa (40 abaixo do número correto), a variável **L** receberá +1.

Se uma das duas variáveis atingir 3, então será fim de jogo.

A cada tentativa, a variável **T** recebe +1. Quando **T** for maior que 4 (atingir 5), então os guardas chegarão para tirar o relógio de Vick Grace. É o fim do jogo.

CÓDIGO EM PYTHON

Ao digitar esse código, note que as linhas quebradas devem ser digitadas em uma linha única. Caso contrário, vai gerar erro na hora da execução.

```
import random
V = 0
T = 0
L = 0
H = 0
FP = random.randint(1,100)
fp = str(FP)

while T<5 and V==0:
..FR = input ("Digite a frequência: ")
..FR = int(FR)
..if abs(FP-FR) <= 5:
....print ("A porta vibrou, e a tranca foi destruída.")
....print ("Você escapou.")
....print ()
....print ("A frequência era: " + fp)
....V = 1

..elif FP-FR > 40:
....print ("Cuidado. Frequência muito baixa.")
....print ("A sala começou a tremer.")
....L=L+1
..elif FR-FP > 40:
....print ("Cuidado. Frequência muito alta. Seus ouvidos
doem.")
....H=H+1
..else:
....print ("Nenhum efeito.")

..if L==3:
....print ("A sala desmoronou sobre você. Fim de jogo.")

..elif H==3:
....print ("Você não suportou a dor de cabeça e desmaiou.")
....print ("Fim de jogo.")

..T=T+1

if V==0:
..print ("Acabaram suas tentativas.")
..print ("Os guardas ouviram o barulho e chegaram para
tirar o relógio de você.")
..print ()
..print ("A frequência era: " + fp)
```

Este programa escolhe um valor entre 1 e 100 e o armazena na variável **FP** (Frequência da porta).

Depois que o usuário digita a frequência a ser emitida pelo relógio de Vick Grace, o **input** a armazena na variável **FR** (Frequência).

Depois, a estrutura condicional que começa com **if** e termina em **endif** verifica se a diferença entre **FP** e **FR** é igual ou menor que 5.

Note o uso da função **abs( )**. Ela serve para obtermos o valor absoluto de um número. Ou seja, a função **abs(-10)** é igual a 10.

Se a diferença não for menor ou igual a 5, então o programa verificará a próxima condição em **elif**. Caso não seja verdadeira, ele verificará a próxima.

Após essa estrutura condicional (ou de tomada de decisões), há outra estrutura **if... elif** para verificar se a sala ou Vick suportam as frequências já digitadas.

Sempre que uma frequência for muito alta (acima de 40 do número correto), a variável **H** receberá +1.

Sempre que a frequência for muito baixa (40 abaixo do número correto), a variável **L** receberá +1. Se uma das duas variáveis atingir 3, então será fim de jogo.

A cada tentativa, a variável **T** recebe +1.
Quando **T** for maior que 4 (atingir 5), então os guardas chegarão para tirar o relógio de Vick Grace. É fim de jogo.

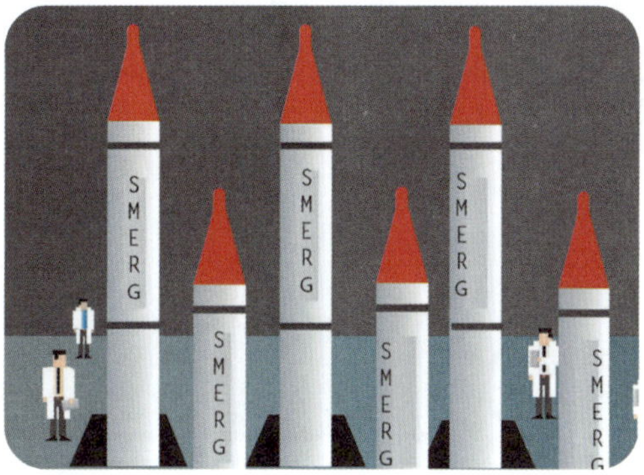

00:01:17

CONTAGEM REGRESSIVA

CÓDIGO EM BASIC

```
tts.init
tts.speak "Iniciando cancelamento do lançamento 001."
tts.speak "Digite a senha."
segundos = 30

wakelock 2
senha$="no"
m$=""

do
 inkey$ k$
 segundo$ = str$(segundos)
 print "CONTAGEM REGRESSIVA: " + segundo$
 print "DIGITE: " + m$
 kb.show

 if k$ <> "@" then m$=m$+k$
 if k$ = "key 67" then m$=""
 tone 800,500
 pause 500
 cls
 segundos = segundos - 1

 if m$=trim$("917289","9")
  j=floor(9*rnd( )+1)
  p=floor(9*rnd( )+1)
  j$=str$(j)
  p$=str$(p)
  j$=mid$(j$,1,1)
  p$=mid$(p$,1,1)
  r=j*p
  tts.speak "Senha correta"
  tts.speak "Verificação final. Digite a resposta correta."
  senha$="ok"
  m$=""
 endif

  if senha$="ok"
  print "Quanto é " + j$ + " x " + p$ + " ?"
  if m$<>"" then m = val(m$)
 endif

 if m=r & senha$="ok"
  print "Contagem regressiva: " + segundo$
  print "Lançamento 001 cancelado com sucesso."
  print "Você salvou milhares de vidas."
  tts.speak "Lançamento cancelado com sucesso."
  end
 endif

 if segundos = 0
  print "SHOOSHHH!"
  print "Míssil lançado."
  print "Você não conseguiu."
  tone 1000,3000
  end
 endif

until 0
```

Enquanto estiver rodando, o código lerá qualquer tecla que você pressionar no celular.

Até os botões de volume serão captados, de modo que seus respectivos códigos serão incluídos na senha e exibidos na tela, conforme exemplo: **key 24 key 25**.

Para apagar esses códigos acidentais ou qualquer erro, pressione a tecla BACKSPACE do teclado virtual. Isso apagará todo o conteúdo digitado.

Quando você digitar as respostas corretas, o programa as identificará automaticamente.

Ao digitar esse código, note que as linhas quebradas devem ser digitadas em uma linha única. Caso contrário, vai gerar erro na hora da execução.

CÓDIGO EM PYTHON

```
import math
import random
from time import time

s = str(12**3)
v = 0
senha = ""
ti = math.floor( time( ) )
print ("SMERG OPERATIONAL SYSTEM V.6.605")
print ( )
print ("Iniciando cancelamento do lançamento 001.")

while senha != s:
..senha = input("Digite a senha de cancelamento: ")

x = random.randint (2,9)
y = random.randint (2,9)
xy = str(x*y)
k = str(x)
l = str(y)
print ( )
print ("Verificação final")

while v != xy:
..v = input ("Quanto é "+ k + "x" + l + "? ")

print ( )
print ("Verificação concluída")

tf = math.floor( time( ) )
seg = str (abs (30 - (tf-ti) ) )

if tf-ti>30:
..print ("Tarde demais. O míssil foi lançado há " + seg +
   "segundos. Você não conseguiu.")
else:
..print ("Lançamento cancelado com sucesso.")
..print ("Você conseguiu faltando " + seg + " segundos!")
```

Esse código usa a função **time( )** para medir o tempo que você demora para inserir a senha correta e acertar a conta da verificação final, de forma semelhante ao código do "Desafio matemático".

Use o programa da página 51 para decifrar a mensagem encontrada por Vick Grace. Depois que você responder corretamente às duas etapas, o programa verificará se já se passaram 30 segundos. Se o tempo for maior que 30, então será tarde demais. Caso contrário, você conseguirá impedir o lançamento.

USANDO OS SENSORES DO CELULAR

Os sensores de seu celular ou tablet podem transformá-lo em uma ferramenta poderosa, desde que você saiba usá-la. A seguir, há a descrição de alguns dos principais sensores encontrados nos smartphones.

Antes de começar, você precisa descobrir quais sensores seu dispositivo Android tem. Alguns vêm com apenas um ou dois sensores. Outros têm dez ou mais. Para descobrir, digite e rode o programa em Basic abaixo. Por enquanto, a linguagem Python não oferece acesso fácil para a leitura dos sensores de um iPhone.

```
sensors.list s$[]
array.length size, s$[]
for i=1 to size
  print s$[i]
next i
end
```

Ao rodar o código acima, você terá um resultado semelhante à imagem ao lado.

BASIC! Program Output

```
Accelerometer, Type = 1
Magnetic Field, Type = 2
Uncalibrated Magnetic Field,
Type = 14
Gyroscope, Type = 4
Uncalibrated Gyroscope, Type =
16
Proximity, Type = 8
Light, Type = 5
Accelerometer, Type = 1
Magnetic Field, Type = 2
Uncalibrated Magnetic Field,
Type = 14
```

ACELERÔMETRO

O sensor acelerômetro detecta o movimento do celular. Sua utilidade mais conhecida é alterar a orientação da tela quando você gira o aparelho na horizontal ou na vertical. Porém, também pode ser usado para criar um alarme para portas ou uma dinâmica de "desativar" uma bomba (ver mais adiante).

GPS

Entre outras informações, o GPS (*Global Positioning System*) informa as coordenadas de latitude e longitude do celular.

Embora o GPS de um celular não seja considerado um sensor, optamos por incluí-lo aqui, pois usaremos códigos para transformar seu celular em um rastreador de pessoas ou veículos, assim como para programar uma dinâmica divertida de caça ao tesouro.

PROXIMIDADE

Detecta se há algum objeto próximo do alto-falante do celular. Sua função mais requisitada é saber se você está em uma chamada telefônica, pois o sensor detecta se o celular está próximo ao seu ouvido e desliga a tela para evitar toques acidentais nos ícones.

LUMINOSIDADE

Retorna um valor proporcional à intensidade de luz no ambiente. É usado para ajustar a intensidade de luz da tela, no intuito de facilitar a leitura em diferentes luminosidades. No entanto, podemos usar esse sensor para detectar a presença de pessoas, fazendo com que o celular ative um alarme, por exemplo.

CAMPO MAGNÉTICO

Mede os valores do campo magnético ao redor do celular. Sua utilidade mais usada é a de criar uma bússola.

ALARME PARA PORTAS E JANELAS

Seu celular Android pode ajudar a proteger sua casa ou loja

Para fazer o sistema de segurança aqui proposto, serão necessários dois celulares. Um ficará com você enquanto o outro permanecerá na porta ou no portão a ser protegido.

Programe o código demonstrado e rode-o. Depois, coloque o celular em uma bolsa ou sacola. Pendure a bolsa na maçaneta da porta.

Após alguns segundos, o celular começará a detectar movimentos. Se alguém abrir a porta ou mexer na maçaneta, o código perceberá o movimento e ligará automaticamente para o outro celular, alertando do ocorrido.

Ao receber a ligação, você pode atendê-la, tentando ouvir o que se passa na sua casa ou loja. De qualquer forma, é importante que, nesse caso, você entre em contato com a polícia ou outro agente de segurança competente, informando o problema.

Depois de iniciar o programa, você terá 20 segundos para guardar o celular na porta, até que o sensor comece a detectar movimentos.

Se quiser aumentar ou reduzir esse tempo, basta alterar o valor, em milissegundos. Ou seja, 10000 equivale a 10 segundos. 30000 equivale a 30 segundos. Entenda melhor isso vendo a descrição do código a seguir.

O CÓDIGO EM BASIC

```
w=0
sensors.open 1
pause 20000
sensors.read 1,x,y,z
wakelock 1
print "Detectando..."

do
 sensors.read 1,a,b,c
 d=abs(x-a)

 if d>0.1
   phone.call "*****"
   w=1
 endif

until w=1

cls
end
```

O comando **sensors.open 1** aciona o sensor 1, que é o acelerômetro.

Essa linha faz a primeira leitura do sensor 1, colocando os dados nas variáveis **x**, **y**, e **z**.

Wakelock 1 garante que o programa continuará rodando mesmo com a tela do celular desligada.

Pause 20000 faz o programa pausar por 20.000 milissegundos (20 segundos), dando tempo para você guardar o celular e fechar a porta. Se quiser, é possível aumentar o valor.

Essa linha determina a sensibilidade do acelerômetro. Se estiver muito sensível, você pode aumentar 0.1 para 0.2 ou mais.

Esse laço de repetição lê o sensor a todo instante. Se a diferença entre a primeira leitura e as próximas for maior que 0.1, o programa ligará automaticamente para o telefone que está no comando **phone.call**.

Substitua os asteriscos pelo número do telefone que vai receber a ligação.

RASTREANDO COM O GPS

Em Basic, o comando GPS, entre outras funções, informa as coordenadas de latitude e de longitude do aparelho. Ative a opção LOCAL ou GPS de seu dispositivo Android antes de rodar os programas abaixo. Ative também a opção DADOS MÓVEIS (3G, 4G ou 5G) do aparelho. **IMPORTANTE:** um dos códigos usa o comando **sms.send**, que funciona apenas na versão mais antiga do BASIC!, a 1.91. Para instalar, vá para a página 18.

No programa, para obter os dados de GPS, você deve usar o comando **gps.open**. Depois, para obter a latitude e a longitude, use os comandos **gps.latitude** e **gps.longitude**.

Veja abaixo como esses comandos guardam as informações nas variáveis **lat** e **lon**. O código exibirá na tela as coordenadas de seu aparelho.

```
gps.open
pause 5000
gps.latitude lat
gps.longitude lon
print lat
print lon
```

Caso você queira que um aparelho envie determinadas coordenadas para outro dispositivo, precisará usar o comando **sms.send**. A palavra send significa "enviar". Portanto, esse comando envia uma mensagem por SMS (*Short Message Service*), que é um serviço de envio de mensagens das operadoras.

O código abaixo enviará, a cada 60 segundos, as coordenadas para o número que você colocar no lugar dos asteriscos. **IMPORTANTE:** o início do número será o DDD, com três dígitos (061, por exemplo).

```
gps.open
pause 5000
do
gps.latitude lat
gps.longitude lon
lat$ = str$(lat)
lon$ = str$(lon)
local$ = lat$ + ", " + lon$
sms.send "*********", local$
pause 60000
until 0
```

O celular receberá a latitude e longitude em um formato como este:

`-15.79268652962189, -47.92000665651966`

Para visualizar essas coordenadas no mapa, basta copiar a mensagem SMS e colar no campo de pesquisa do aplicativo Maps, do Google.

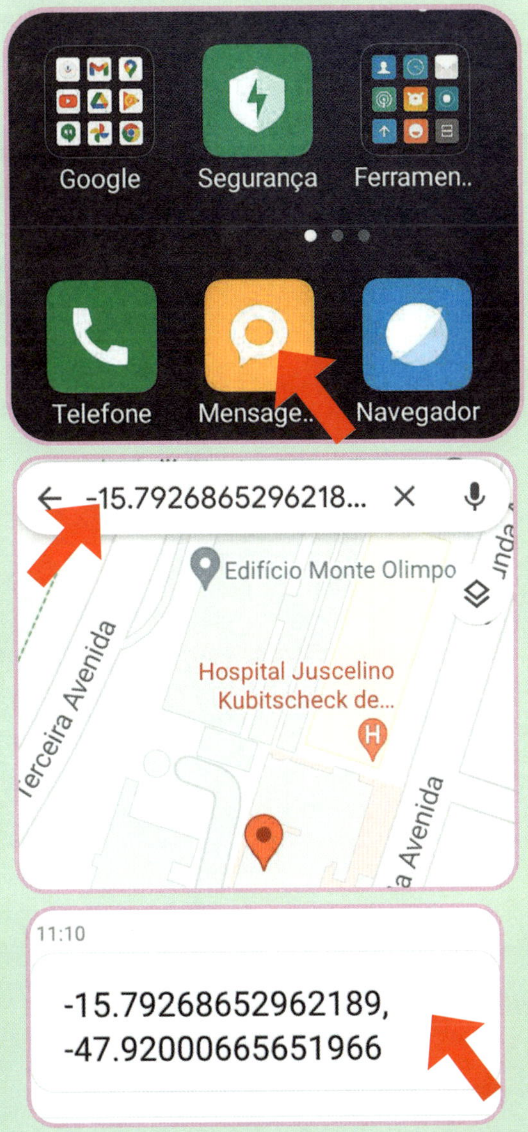

Depois que você receber a mensagem SMS, clique no ícone do aplicativo de mensagens para ver as coordenadas recebidas. Toque na mensagem por alguns instantes para aparecer a opção de copiar. Copie a mensagem. Abra o aplicativo Maps. No campo de pesquisa, cole a mensagem e pesquise. O Maps vai exibir o ponto das coordenadas no mapa.

LOCALIZANDO UMA PESSOA

Alguém levou seu celular ou seu veículo? Quer saber por onde anda seu filho ou sua filha? Este código pode ajudar.

O código em Basic abaixo é útil para você rastrear a localização de um celular Android apenas enviando uma mensagem SMS para o aparelho com a palavra "GPS".

```
gps.open
sms.rcv.init
numero$ = "*********"
wakelock 1
home
do

 do
  pause 5000
  sms.rcv.next m$
 until m$ <> "@"

 gps.latitude lat
 gps.longitude lon
 lat$ = str$(lat)
 lon$ = str$(lon)
 local$ = lat$ + ", " + lon$

 if m$ = "SMS from +55"+ numero$ + " :GPS"
  sms.send numero$, local$
  pause 5000
 endif

until 0
```

O comando home faz o sistema voltar para a tela inicial do dispositivo, mas o programa continuará rodando em segundo plano.

Após poucos segundos, o celular responderá automaticamente com uma mensagem contendo as coordenadas de latitude e de longitude. Você pode copiar essa mensagem e colar no Google Maps para ver o ponto exato no mapa.

É um código útil para você tentar encontrar um veículo ou a localização de alguém, por exemplo.

A ideia é que você instale o BASIC! no celular que será rastreado e rode o programa ao lado. Ele ficará com seu filho (ou outra pessoa) ou em seu veículo. Sempre que quiser saber onde o celular está, você pode enviar a mensagem de texto (SMS) com a palavra "GPS", em maiúsculo, para receber outra de volta informando o local.

IMPORTANTE

O intuito em que pensamos ao criar este código foi para a segurança de sua família ou propriedade, não para seguir indivíduos contra sua própria vontade. Perseguir uma pessoa pode ser considerado crime.

Na terceira linha, na variável **numero$**, há vários asteriscos. No lugar deles, você deve colocar o número do telefone que receberá as coordenadas, com os últimos dois dígitos do DDD. Por exemplo, para o DDD 061, o número 98800-8800 fica assim: **61**988008800.

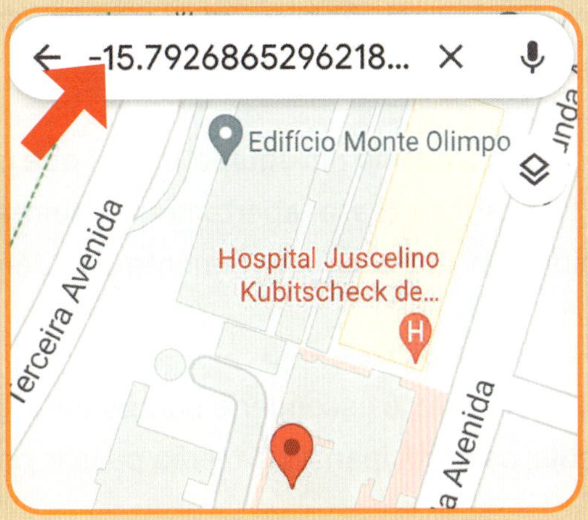

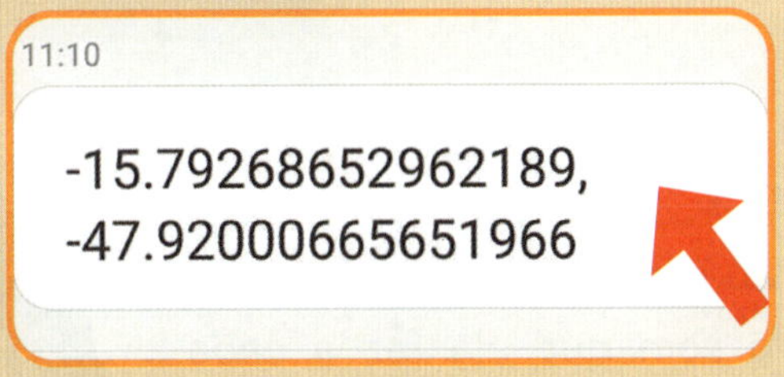

Depois que você receber a mensagem SMS, clique no ícone do aplicativo de mensagens para ver as coordenadas que recebeu. Toque na mensagem por alguns segundos para aparecer a opção de copiar. Copie a mensagem. Abra o aplicativo Google Maps. No campo de pesquisa, cole a mensagem e pesquise. O Google Maps vai exibir o ponto das coordenadas no mapa.

DESATIVANDO UMA BOMBA

Use o sensor acelerômetro para transformar seu celular em uma "bomba", criando uma brincadeira cheia de desafios.

Uma forma divertida de entreter crianças ou adolescentes é brincar de encontrar e desarmar uma "bomba implantada por uma organização criminosa que planeja espalhar o caos em todo o mundo".

Essa dinâmica pode ser uma competição ou um trabalho em equipe. No caso de uma competição, cada participante terá sua vez de encontrar e desarmar o dispositivo. Quem desativar a bomba mais rápido vence.

Se for um trabalho em equipe, é bom que cada jogador vasculhe diferentes áreas do local da brincadeira (casa, apartamento, quintal, parque, etc.) para encontrar a bomba mais rapidamente. Independentemente de quem a encontrar, todos vencem.

OS TRÊS DESAFIOS

Depois que você esconder a bomba em algum lugar de sua casa, apartamento, quintal ou escola, os participantes deverão passar por três desafios.

DESAFIO 1

ENCONTRAR A BOMBA

Os participantes deverão procurar a bomba (o celular), tentando ouvir o som que ela faz a cada segundo.

Você pode aumentar o volume do celular para deixar a dinâmica mais fácil ou reduzi-lo para deixar mais difícil.

DESAFIO 2

TRANSPORTAR A BOMBA

Depois de encontrada, a bomba deverá ser levada com cuidado (pois ela é bem sensível) até um "lugar seguro" para não explodir o "prédio inteiro". Você determina onde será o local seguro.

É possível reduzir a sensibilidade da bomba alterando uma linha do código.

DESAFIO 3

DESATIVAR A BOMBA

Após alguns segundos, o celular exibirá uma dica de senha. Os participantes deverão descobrir qual é antes que a bomba exploda.

No código da próxima página, a senha é o nome de um personagem da obra *O hobbit,* de J.R.R. Tolkien. Usamos uma dica para fazer o participante procurar e folhear o livro no intuito de descobrir a senha.

A SENHA

A dica de senha e a senha correta podem ser escolhidas por você. Basta alterar no programa.

Você pode substituir a senha do código a seguir por qualquer informação: um cálculo, um conhecimento sobre biologia ou geografia, ou até uma charada. O importante é que os participantes tenham os meios de resolver o problema e se esforcem para isso.

Enquanto a senha é digitada, os caracteres demoram um pouco para aparecer. Para apagar o que já foi digitado, basta pressionar a tecla de espaço.

A BOMBA

Para tornar a dinâmica mais real e divertida, você pode fixar o celular em uma estrutura de papelão ou metal, para deixá-lo mais parecido com uma bomba. Aproveite para protegê-lo de eventuais quedas que podem ocorrer durante a brincadeira.

O LOCAL

Escolha uma área segura e espaçosa para essa brincadeira, com vários locais para procurar. Quanto maior o espaço, seja em uma grande casa ou em um parque florestal, maior o desafio. Tome cuidado ao brincar em locais públicos, pois alguém que não sabe da brincadeira pode encontrar o celular e achar que é uma bomba de verdade!

CÓDIGO EM BASIC

```
sensors.open 1
pause 2000
sensors.read 1,a,b,c
segundos = 150
wakelock 2
m$=""

do
 inkey$ k$
 print "BOMBA ATIVADA"
 segundo$ = str$(segundos)
 print "TEMPO RESTANTE: " + segundo$
 if k$ <> "@" then m$=m$+k$
 if k$= " " then m$= ""

 if segundos>60 then tone 350,500
 if segundos<60 & segundos >10 then tone 500,500
 if segundos<10 then tone 800,500

 pause 500
 segundos = segundos - 1
 cls
 sensors.read 1,x,y,z

 if abs(x-a) > 1 | abs (y-b) > 1
   print "BUUUUMMMM!"
   tone 1000,3000
   end
  endif

 if segundos < 70
   print "DICA DE SENHA: Primeira palavra do capítulo 6 de O hobbit."
   print "DIGITE A SENHA: " + m$
   kb.show
 endif

 if m$="bilbo"
    print "BOMBA DESATIVADA COM SUCESSO EM:"
    print str$(segundos) + " segundos."
    end
 endif

 if segundos = 0
   print "BUMMM!"
   tone 1000,3000
   end
 endif
until 0
```

Faz a primeira leitura do sensor acelerômetro.

Esta linha determina o tempo, em segundos, até a bomba explodir. Ou seja, 150 segundos. Se quiser, altere esse valor.

Faz as demais leituras do sensor acelerômetro. Se a diferença for maior que 1 em relação à primeira leitura, a bomba explode.

Para deixar a bomba menos sensível, aumente os valores (1 e 1) e experimente; ou reduza para deixá-la ainda mais sensível a movimentos.

Para mudar a dica de senha, altere o texto que está entre aspas.

Esta linha determina a senha correta. Mude a palavra que está entre aspas para colocar a senha de sua escolha.

CAÇA AO TESOURO COM GPS

Esta é uma forma divertida de brincar de caça ao tesouro, mas com a ajuda das novas tecnologias. O programa em Basic permite que você registre três locais (por GPS) no seu celular Android e, depois, exibe na tela a posição de todos os pontos em relação a sua localização atual, assim como ocorre nos serviços de mapa da internet baseados no GPS.

A brincadeira deve ser organizada por um adulto e ter a participação de, pelo menos, dois competidores. O objetivo é coletar as esferas coloridas espalhadas por uma área, que pode ser uma grande praça, um parque municipal ou qualquer área aberta, desde que seja segura para todos (sem animais perigosos ou terrenos acidentados). Avise às autoridades do local que você vai realizar essa dinâmica. Afinal, pode ser que um funcionário do lugar encontre uma esfera e pense que é apenas lixo.

As tais esferas podem ser uma caixa com doces e chocolates, bolas de gude ou pedras arredondadas e pintadas. Se preferir, também podem ser pequenas bolas de borracha ou plástico. O importante é que sejam de cor diferente ou tenham, pelo menos, uma fita colorida as envolvendo, para identificá-las. As cores das esferas devem ser vermelha, verde e azul.

Antes de a brincadeira começar, você deve rodar o programa nos celulares dos participantes, com as baterias devidamente carregadas, e esconder as esferas em vários locais espalhados pela área determinada.

Para cada esfera posicionada, você vai pressionar a tecla com o número correspondente, registrando as coordenadas de latitude e longitude do GPS.

Após fazer o registro da localização das três esferas, você deve pressionar a tecla de espaço para iniciar o rastreamento. Quando começar, verifique se a tela está realmente indicando as esferas mais próximas. Faça essa verificação em todos os celulares. Se tiver mais de três participantes, é bom contar com outra pessoa para ajudá-lo. Obviamente, certifique-se de que os participantes não vejam você escondendo as esferas.

Enquanto o programa estiver rodando nos celulares, reúna os participantes para começar a caçada em um local distante das esferas. Essa brincadeira depende da qualidade do sinal GPS que o celular estiver recebendo. Por isso, o ideal é que seja feita em áreas abertas e com boa cobertura das antenas das operadoras de celular.

O programa vai mostrar apenas o local das esferas que estão de 50 a 70 metros de distância do participante. Lembre-se de que, depois que alguém pegar a esfera, o programa continuará mostrando sua localização na tela. Assim, pode ser que o participante chegue a um local e não encontre a esfera, pois outro jogador já a encontrou. Ou seja, o programa serve apenas como orientação.

O jogador que encontrar duas esferas primeiro vence a disputa.

A primeira esfera a ser posicionada deve ser a vermelha, seguida da verde e, por fim, da azul. Elas podem ser pedras, bolas ou brinquedos similares pintados com essas cores ou envoltas com fita adesiva da respectiva cor.

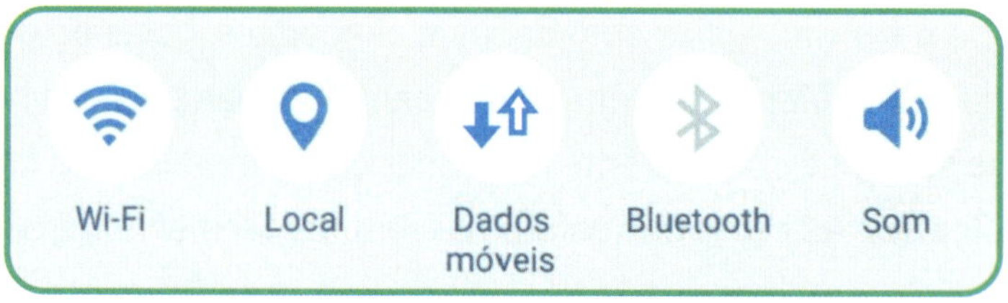

Ative as opções LOCAL e DADOS MÓVEIS nos celulares que participarão da dinâmica para que o programa consiga obter as informações do GPS.
Dependendo do dispositivo, no lugar de “Local” estará escrito “GPS”.

CÓDIGO EM BASIC

```
gps.open
pause 3000
ok = 0
m = 1000000
wakelock 4
print "Digite de 1 a 3 para registrar os locais"
kb.show

do
  inkey$ k$
  if k$="1"
    gps.latitude latObjA
    pause 500
    gps.longitude longObjA
    pause 500
    print "Esfera 1 posicionada em:"
    print latObjA
    print longObjA
    pause 1000
  endif


  if k$="2"
    gps.latitude latObjB
    pause 500
    gps.longitude longObjB
    pause 500
    print "Esfera 2 posicionada em:"
    print latObjB
    print longObjB
    pause 1000
  endif

  if k$="3"
    gps.latitude latObjC
    pause 500
    gps.longitude longObjC
    pause 500
    print "Esfera 3 posicionada em:"
    print latObjC
    print longObjC
    pause 1000
  endif

  if k$=" " then ok=1

until ok=1
```

Dar espaço antes de continar o código.

```
gr.open 255,0,0,30
gr.orientation 1
gr.set.stroke 30
pause 2000
gr.screen width,height

do
   gps.latitude latC
   gps.longitude longC
   tone 400,500
   y1=((latC)-(latObjA))*m
   x1=((longC)-(longObjA))*m
   x1=x1*(-1)
   x1=width/2+(x1)
   y1=height/2+(y1)

   y2=((latC)-(latObjB))*m
   x2=((longC)-(longObjB))*m
   x2=x2*(-1)
   x2= width/2 +(x2)
   y2= height/2 +(y2)

   y3=((latC)-(latObjC))*m
   x3=((longC)-(longObjC))*m
   x3=x3*(-1)
   x3= width/2 +(x3)
   y3= height/2 +(y3)

   gr.color 255,255,0,0
   gr.circle o,x1,y1,20
   gr.render
   gr.color 255,0,255,0
   gr.circle p,x2,y2,20
   gr.render
   gr.color 255,0,0,255
   gr.circle q,x3,y3,20
   gr.render
   gr.color 255,255,255,255
   gr.point t, width/2,height/2
   gr.render
   pause 5000
   gr.cls
until 0
end
```

UM SINAL LUMINOSO EM BASIC

Esse código desenha o **ponto p (point)** branco em uma tela preta, fazendo-o aparecer e desaparecer (piscando), até que você toque no botão de voltar do celular.

O ponto, no entanto, é bem grande, e, no BASIC!, tem a aparência de um quadrado.

Na terceira linha, determinamos a espessura do ponto como 1.200 pixels, o que ocupa todo o comprimento da maioria das telas de celulares.

Você pode reduzir ou aumentar o tamanho do **point** alterando 1200, na terceira linha, para um valor que considere melhor.

O comando **wakelock 4** determina que seu celular permaneça sempre com a tela acesa enquanto o programa estiver rodando, tendo em vista que, normalmente, os celulares desligam a tela após alguns segundos de inatividade.

Dentro do loop **do... until 0**, o **gr.hide** esconde o **ponto p**, mas, após uma **pausa** de 300 milissegundos, o **gr.show** o mostra novamente.

Após outra **pausa** de 300 milissegundos, o **loop** é executado outra vez, até você tocar no botão voltar.

Aumente o brilho da tela do celular para garantir que a luz branca dela seja bem visível.

IMPORTANTE: esse código aumenta o consumo da bateria de seu celular.

O CÓDIGO

```
gr.open 255,0,0,0
gr.color 255,255,255,255
gr.screen w,h

gr.set.stroke 1200
gr.point p, w/2, h/2
gr.render

wakelock 4

do
  gr.hide p
  gr.render
  pause 300

  gr.show p
  gr.render
  pause 300
until 0
```

PARTE 2

JOGOS EM SCRATCH

Esta parte ensina a programar em um computador pessoal e foi desenvolvida para crianças a partir dos dez anos.

Por ser uma linguagem com elementos visuais e especializada na criação de jogos e animações simples, o Scratch é considerado uma das melhores opções para introduzir os mais jovens no mundo da programação.

No entanto, sua aparente simplicidade esconde grande potencial, oferecendo ao programador muitas possibilidades. Com base no Scratch, um iniciante é introduzido à mesma lógica de programação encontrada em todas as outras linguagens consideradas mais "sérias".

Os primeiros códigos desta parte concentram-se na familiarização do leitor com a plataforma Scratch; e a melhor forma que encontramos para isso foi criando programas que realizam desenhos, assim como as crianças da década de 1960 faziam com os robôs programados com a linguagem Logo, criada pelo matemático e educador Seymour Papert.

Em seguida, partindo do conceito de jogos do game designer Scott Rogers, autor da obra *Level up*, o leitor será guiado, passo a passo, a programar jogos simples que remetem aos clássicos do início da era dos videogames, como o *Pong* e o *Space invaders*.

GRAUS: O TAMANHO DO GIRO

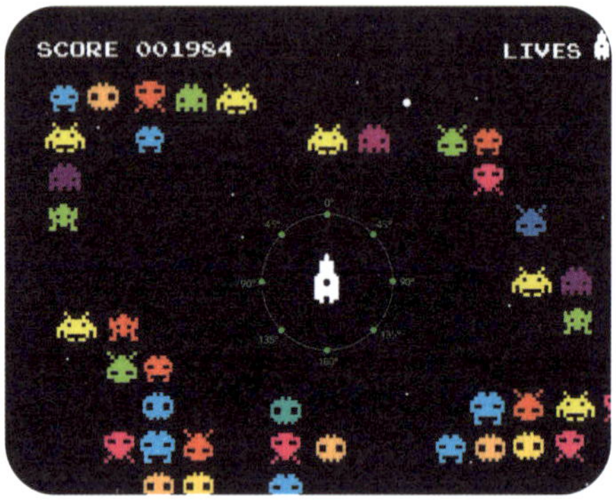

O conceito de grau, estudado em geometria, é importante para desenhar e criar jogos usando a linguagem de programação Scratch. E uma forma bem legal de aprender isso é em um contexto de guerra espacial.

Imagine que você está no comando de uma nave espacial cercada por alienígenas coloridos, como na imagem acima. Você está sem combustível para fugir. Tudo o que tem é um canhão a laser instalado na frente da nave. Para se defender, você precisa informar ao computador de bordo o sentido em que a nave deve girar e o tamanho desse giro (em graus) antes de disparar.

Por exemplo, para atirar no alienígena amarelo que está bem na frente da nave, você não precisa girar. Basta atirar para acertá-lo. Mas e para acertar o alienígena laranja (que se parece com uma abóbora) que está atrás da nave? Quantos graus a nave teria que girar para mirar nele?

Antes de tentar responder, vamos entender isso melhor com um exercício simples. Primeiro, fique de pé, olhando para a porta do seu quarto (ou qualquer porta da sua casa). Pronto? Agora, gire o corpo para a direita até dar uma volta completa, rodando até ficar novamente de frente para a porta. Cuidado para não ficar tonto.

Terminou? Certo. Isso quer dizer que você girou 360 graus (ou 360°).

Portanto, se no lugar de fazer um giro completo, você desse uma volta até ficar de costas para a porta, isso seria apenas meia volta. Então, se uma volta completa é 360 graus, meia volta é metade disso: 180 graus.

Ou seja, o tamanho do giro que você ou qualquer tipo de objeto realiza – como navios, aviões, carros e naves espaciais – é medido em graus.

Voltando para o exemplo da nave espacial, para atirar contra o alienígena que está atrás da nave, é necessário dar meia volta. Ou seja, girar 180 graus para qualquer um dos lados e depois disparar.

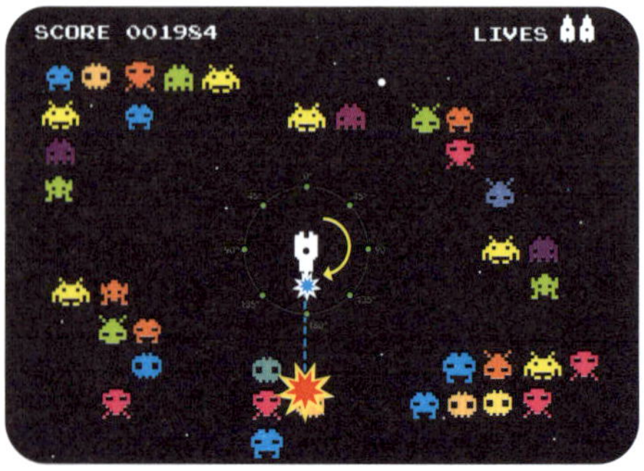

180°

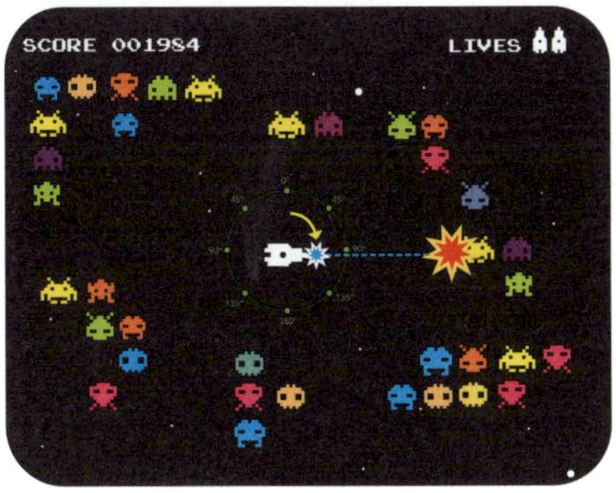

Direita 90°

Certo, vamos ver se você já aprendeu. Tenho um desafio: você poderia dizer qual é a cor do alienígena que a nave atingiria se girasse 90 graus para a direita e disparasse? E se, no lugar de girar para a direita, a nave girasse para a esquerda? Ela atingiria algum alienígena?

Resposta: se girasse 90 graus para a direita e atirasse, a nave acertaria um alienígena amarelo. Mas, se girasse 90 graus para a esquerda, não acertaria nada.

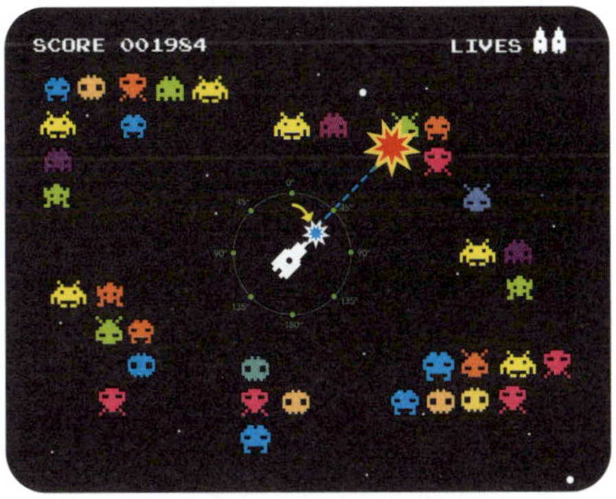

Direita 45°

E se a nave girasse apenas 45 graus para a direita e disparasse? Qual é a cor do alienígena que ela acertaria? Pense um pouco. Já sabe? A resposta correta é: o alienígena verde.

Uma forma de saber a quantidade de graus para girar é usar as marcações em verde ao redor da nave. A diferença em graus entre cada marcação é 45°. Você também pode usar um transferidor, normalmente vendido em qualquer papelaria.

Agora que você já sabe a medição em graus, está pronto para programar em algumas linguagens de programação que permitem criar desenhos e jogos com facilidade. Esse conhecimento, no entanto, também é utilizado em outras áreas de conhecimento, como engenharia, astronomia e navegação.

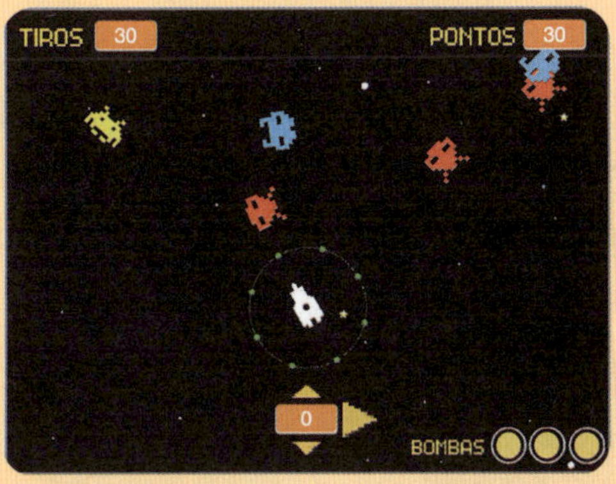

PROJETO SPACE SHOOTER

Você pode jogar ***Space Shooter***, jogo inspirado nesse texto e programado em Scratch, para praticar seu conhecimento sobre graus enquanto defende sua nave espacial de aliens coloridos. Para jogar, acesse o site do Scratch e pesquise "Projeto Space Shooter"; ou você pode acessar diretamente pelo link:
https://scratch.mit.edu/projects/336162385

Divirta-se!

DESENHANDO NO SCRATCH

Dê os primeiros passos no Scratch e aprenda a fazer desenhos interessantes com poucos comandos de programação.

O Scratch é uma linguagem de programação em blocos criada pelo Instituto de Tecnologia de Massachusetts (MIT). Desenvolvida para iniciantes, essa linguagem permite a criação de animações, desenhos, histórias interativas e jogos. Neste tópico, ensinaremos passos simples de como usar o Scratch para desenhar. Basta seguir as orientações abaixo.

1. ACESSE O SITE

(https://scratch.mit.edu/)

Após acessar, clique em "Criar", no menu localizado na área superior do site, e pronto. Você acessou o ambiente de programação Scratch.

2. ALTERE O IDIOMA

Ao lado do logotipo do Scratch, há o ícone de uma engrenagem seguido da palavra Settings. Clique nela e em seguida no globo seguido da palavra Language. Depois, selecione o idioma"Português Brasileiro".

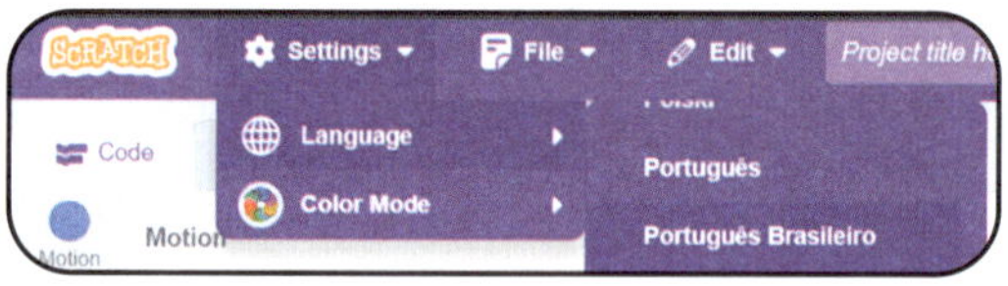

Provavelmente, o Scratch vai colocar uma janela com um vídeo tutorial. Se você não sabe o que o Scratch pode fazer, é bom assistir. Depois, pode clicar para fechar a janela e ter uma boa visão do site.

3. ADICIONE A CANETA

A princípio, o Scratch não exibe os blocos de comandos necessários para desenhar. Vamos mudar isso. Clique sobre o ícone azul, abaixo das categorias de comandos. Ao fazer isso, surgirá uma tela com opções de extensões.

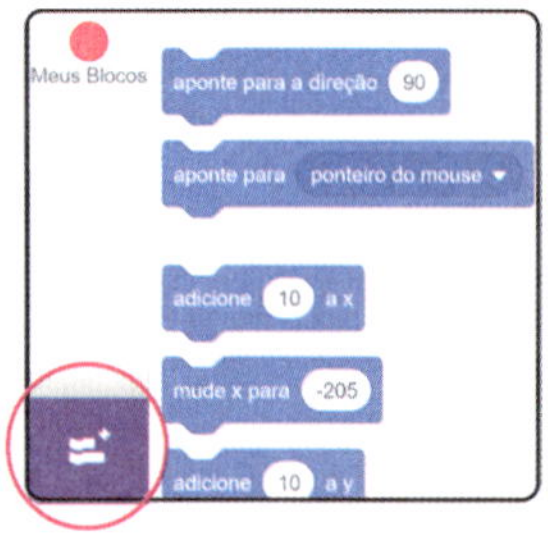

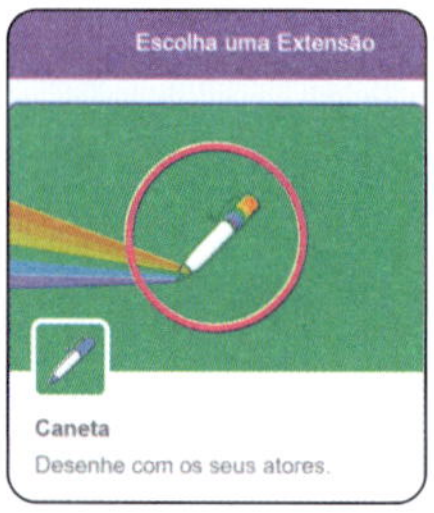

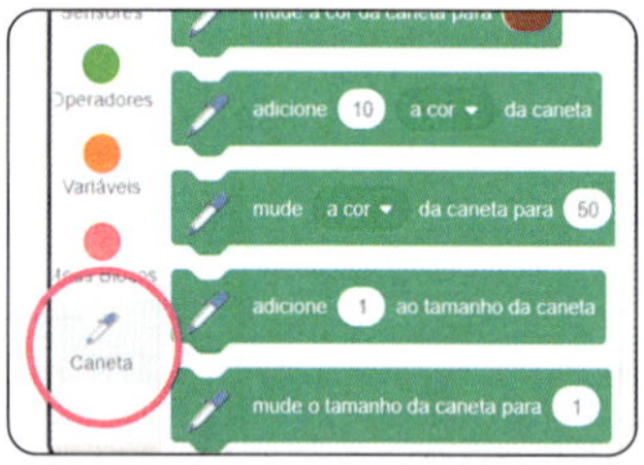

Clique sobre a extensão da "Caneta" para ter acesso a novos comandos, como "use a caneta", "apague tudo" e "levante a caneta". Usaremos esses comandos para desenhar.

4. DESENHE UM QUADRADO

Conecte os blocos de comando das categorias “Caneta” e “Movimento” para formar o código ao lado.

Lembre-se de digitar corretamente a quantidade de passos do movimento e de graus do giro. Depois, clique no bloco “use a caneta” para desenhar. Você verá um quadrado aparecer.

```
use a caneta
mova 100 passos
gire ↻ 90 graus
mova 100 passos
gire ↻ 90 graus
mova 100 passos
gire ↻ 100 graus
mova 100 passos
```

5. APAGUE O DESENHO

Na categoria “Caneta”, há um bloco de comando chamado “apague tudo”. Basta localizá-lo e clicar nele para que o palco seja limpo de todos os desenhos.

```
quando a tecla espaço ▾ for pressionada
apague tudo
```

Para agilizar a limpeza do palco, você pode criar o código ao lado, unindo os blocos “apague tudo” e “quando a tecla [espaço] for pressionada”, em comando de **“Eventos”.** Se quiser, pode mudar a tecla “espaço” para outra de sua preferência.

6. DESENHE UM TRIÂNGULO

Altere o programa para que fique com os valores abaixo. Execute o código e você verá aparecer um triângulo.

```
use a caneta
repita 3 vezes
    mova 100 passos
    gire ↻ 120 graus
```

BLOCO “REPITA”

Você pode desenhar um quadrado rapidamente usando o bloco de comando “repita 4 vezes”, como no exemplo. Esse bloco está na categoria “Controle”.

```
use a caneta
repita 4 vezes
    mova 100 passos
    gire ↻ 90 graus
```

Se você leu a primeira parte deste livro, já deve saber que o comando de repetição é um recurso bastante usado na programação, sendo conhecido como loop, laço de repetição ou estrutura de repetição. No Scratch, esses comandos podem ajudar a criar desenhos interessantes de forma rápida, usando poucos blocos.

SALVANDO

Para salvar um código do Scratch no seu computador, basta clicar em "Arquivo" e, depois, em "Baixar para o seu computador". Para abri-lo novamente, escolha "Carregar do seu computador".

7. DESENHE UM CÍRCULO

Mude os valores do código para corresponder aos que aparecem ao lado. Com isso, você desenhará um círculo. Na verdade, é um polígono de 25 lados, mas, como os lados são numerosos e pequenos, temos a impressão de ser um círculo.

```
use a caneta
repita 25 vezes
    mova 20 passos
    gire ↻ 15 graus
```

8. EXPERIMENTE OUTRAS FORMAS

Se quiser desenhar uma estrela de cinco pontas, use o código abaixo (lado esquerdo). Experimente desenhar várias estrelas pelo palco.

```
use a caneta
repita 5 vezes
    mova 100 passos
    gire ↻ 144 graus
```

```
use a caneta
repita 36 vezes
    mova 100 passos
    gire ↻ 130 graus
```

Agora, altere o código para que fique com o bloco de comando "repita 36 vezes" e "gire 130 graus". Clique sobre o código para executá-lo e veja que o resultado será um tipo de estrela de 36 pontas.

Se quiser aumentar o tamanho do desenho, experimente mudar a quantidade de passos no código, para, por exemplo, 150 ou 200. Você também pode experimentar mudar o ângulo do giro de 130 para 170 graus e, assim, ver o que acontece. E se você mudar a quantidade de vezes em que os comandos se repetem? O que ocorrerá?

MUDANDO A COR DA CANETA

Na categoria de comando “Caneta”, encontre o bloco “mude a cor da caneta para” e clique na área colorida.

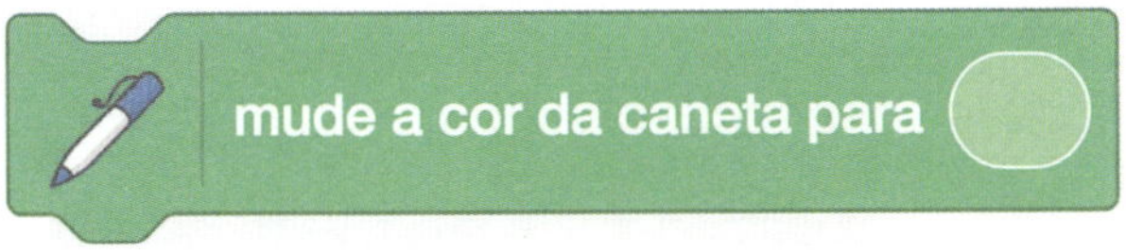

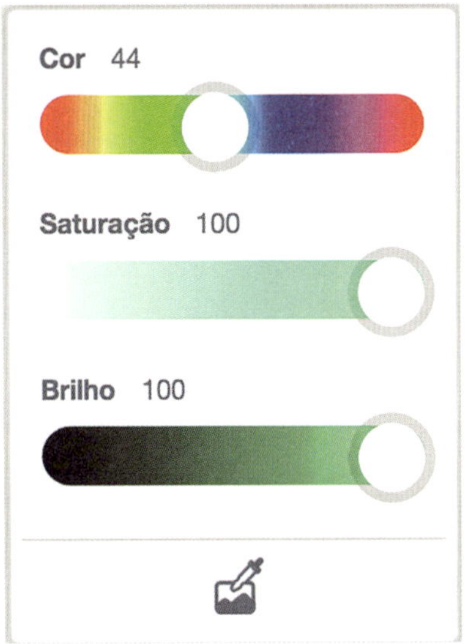

Surgirão opções para você escolher a cor da caneta. Para cores mais vivas, deixe a saturação e o brilho no máximo (100). Encaixe esse bloco no início de seu código e o execute para ver o resultado.

ALTERANDO O CENÁRIO

Na região inferior direita da tela do ambiente Scratch, coloque o ponteiro do mouse sobre o ícone azul indicado abaixo.

Surgirão as seguintes opções:

Selecionar cenário: se clicar aqui, você poderá escolher um entre vários tipos de cenários que o Scratch oferece.

Pintar: permite que você mesmo desenhe seu cenário.

Surpresa: faz com que o Scratch escolha um cenário ao acaso.

Carregar cenário: você pode usar um cenário salvo no computador para seus desenhos e animações.

UM PROGRAMA PARA DESENHAR

Na área do código, programe os códigos indicados na próxima página. Perceba que há cinco diferentes. Cada um faz um desenho, exceto o primeiro, que apaga todos os desenhos quando você pressiona a tecla espaço.

Quando terminar, você poderá desenhar várias formas apenas pressionando a tecla correspondente ao desenho. Depois de desenhar uma forma, clique sobre o gato e arraste-o para outro lugar do cenário, de modo que você possa desenhar outra forma.

MONTE O PROGRAMA ABAIXO.
DEPOIS, USANDO AS TECLAS E O MOUSE, CRIE UM BELO DESENHO.

```
quando a tecla [espaço ▾] for pressionada
apague tudo
```

```
quando a tecla [t ▾] for pressionada
mude a cor da caneta para (verde)
use a caneta
repita (3) vezes
    mova (100) passos
    gire ↻ (120) graus
```

```
quando a tecla [e ▾] for pressionada
use a caneta
mude a cor da caneta para (amarelo)
repita (5) vezes
    mova (100) passos
    gire ↻ (144) graus
```

```
quando a tecla [q ▾] for pressionada
use a caneta
mude a cor da caneta para (azul)
repita (4) vezes
    mova (100) passos
    gire ↻ (90) graus
```

```
quando a tecla [c ▾] for pressionada
use a caneta
mude a cor da caneta para (vermelho)
repita (36) vezes
    mova (100) passos
    gire ↻ (130) graus
```

DICA

Veja que o programa contém vários grupos de código semelhantes. Uma forma de agilizar sua programação é copiando e colando um deles e fazendo as alterações necessárias.

Como copiar: depois de montar o primeiro grupo, você pode clicar nele com o botão direito do mouse. Aparecerá a opção "Duplicar". Clique nela e crie outro grupo de código idêntico.

Segundo o game designer Scott Rogers, podemos dizer que um jogo é uma atividade realizada por, pelo menos, uma pessoa, tem regras e condição de vitória. Não importa se é um jogo antigo, como o *Pong* (1972), ou atual, como *League of Legends* (2009). Qualquer jogo se encaixa na definição apresentada.

Em *Pong*, duas pessoas jogam, e a condição de vitória é fazer mais pontos que o adversário. No jogo da velha, duas pessoas jogam, e a condição de vitória é colocar três símbolos iguais em linha reta. Em *League of Legends*, até dez pessoas jogam, e a condição de vitória é destruir a base do time inimigo.

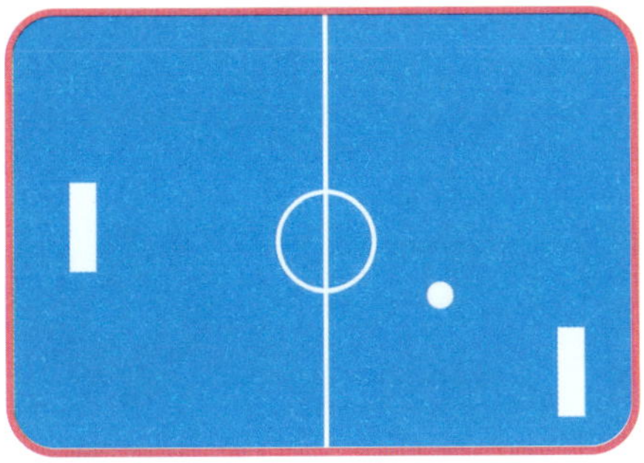

Qual é a condição de vitória do game *Super Mario Bros.*? E as regras? Salvar a princesa do terrível Bowser é a condição de vitória. E algumas regras desse jogo são: os inimigos são derrotados ao pular sobre eles ou se forem atingidos por um casco de tartaruga ou por uma bola de fogo; se Mario cair em um buraco ou for atingido por um inimigo, perderá uma vida.

CRIANDO UM GAME

A essa altura, você já deve ter percebido que a definição de jogo é útil para você mesmo criar um. Embora desenvolver um jogo como o *Super Mario Bros.* dê muito trabalho, podemos começar com algo bem simples.

Vamos imaginar um jogo novo. Para isso, é bom se inspirar em outros jogos ou situações. Por exemplo, os criadores do jogo *Pong* se inspiraram em uma partida de tênis. Aqui, vamos nos inspirar em competições de "quem come mais".

Em nosso jogo, os jogadores vão controlar macaquinhos que competem pelas maçãs da floresta. Quando o jogo começar, 100 maçãs vão aparecer espalhadas pela tela, e os jogadores deverão usar o teclado para movimentar os macacos. O macaquinho que comer mais maçãs vence o jogo. Muito simples. Vamos dar a esse jogo o nome de *The monkey game* ou *Jogo do macaco*.

Viu? Já criamos a ideia básica de um jogo, que é o primeiro passo do processo de criação. Agora, vamos, de fato, programá-lo em Scratch. Para isso, siga os passos abaixo. Considere a numeração e as linhas que conectam os quadros para ler na ordem correta.

THE MONKEY GAME

1. APAGUE O GATO LARANJA

Sempre que inicia, o Scratch cria um ator automaticamente, chamado “Ator1”, que é o gato laranja. Você não vai precisar dele. Afinal, o jogo é de macacos, não de gatos.
Então, clique na lata de lixo para apagá-lo.

2. ESCOLHA UM CENÁRIO: A FLORESTA

No canto inferior direito do Scratch, há o ícone para você escolher um cenário. Clique nele e, depois, selecione “Forest”, o que fará aparecer uma bela floresta.

3. CRIE OS ATORES

Clique no ícone circular com a cabeça de um gatinho, na parte inferior do Scratch. Em seguida, escolha a maçã: “Apple”.

“Por que não bananas?”, você deve estar se perguntando. Os macacos de nosso jogo cansaram de comer bananas. Afinal, sempre é bom variar a dieta. De qualquer forma, você também pode escolher bolos de aniversário, se assim desejar.

Agora, clique novamente no ícone do gatinho para escolher outro ator. Clicando na categoria “Animais”, fica mais fácil encontrar o macaquinho. Escolha-o, marcando a opção “Monkey”.

Os dois atores que você criou estão muito grandes para o palco do Scratch. Então, clique duas vezes sobre a maçã. Isso vai selecioná-la (ela ficará com contornos azuis).

Agora, vá ao atributo "Tamanho" e altere de 100 para 25. Faça o mesmo com o macaquinho, mas alterando o valor para 40.

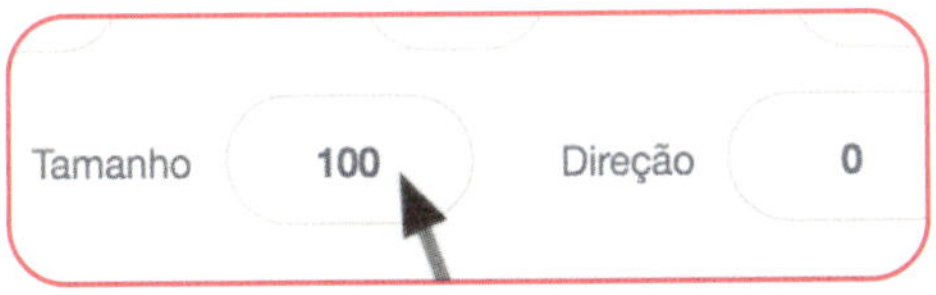

Na parte de baixo do Scratch, já devem aparecer esses dois ícones dos atores que criamos. Precisamos de mais um macaco. Então, clique no ícone do "Monkey" com o botão direito do mouse. Depois, escolha "Duplicar".

Assim, vai aparecer outro ator igual, chamado "Monkey2". Porém, não queremos dois macacos idênticos para confundir os jogadores, não é? Então, vamos pintá-lo!

Escolhemos pintar de vermelho, pois cores como verde ou azul podem camuflar o macaquinho em meio à floresta e ao céu.

Clique em "Monkey2" para selecioná-lo. Então, na parte superior esquerda do site, procure pela aba denominada "Fantasias" e clique nela. Vai aparecer o conjunto de ferramentas para você desenhar e pintar.

É hora de mudar a cor do Monkey2. Use a ferramenta balde e escolha uma cor. Agora, clique nas partes do macaco para mudar a cor dele.

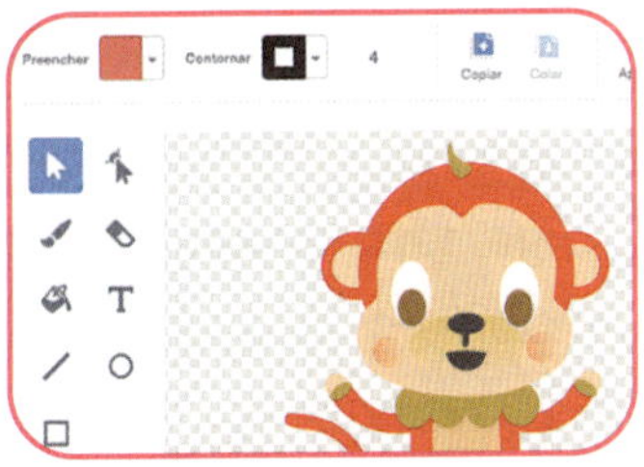

Agora, você tem os três atores do seu jogo. Só falta programá-los.

É hora de espalhar 100 maçãs pela tela. Para fazer isso, clique no ícone do ator "Apple".

Depois, clique na aba "Código", na parte superior esquerda do Scratch, e monte o programa a seguir.

4. PROGRAME A MAÇÃ

Esse código diz que, quando você clicar na bandeira verde, o Scratch repetirá 100 vezes os comandos de criar um clone do ator “Apple”, mostrando-o em posição aleatória no palco. Por isso, aparecerão 100 maçãs. Teste o código, clicando na bandeira verde.

Ainda com o ator “Apple” selecionado, construa o código informado abaixo:

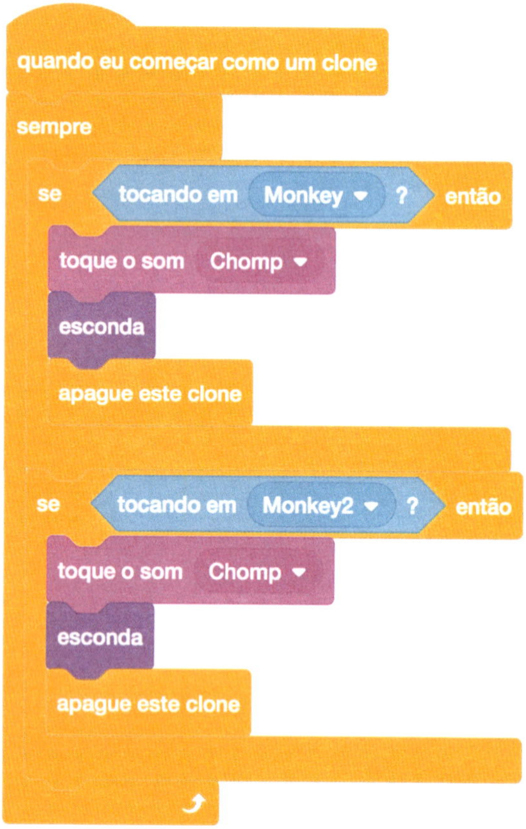

Esse código fará a maçã desaparecer quando um dos macaquinhos tocar nela. Quando isso acontecer, o Scratch emitirá o som “Chomp”, para indicar o barulho de uma mordida (pelo menos é o que deve parecer).

5. PROGRAME OS MACAQUINHOS

Clique no ícone do ator “Monkey” para selecioná-lo. Depois, clique na aba “Código” e monte o código abaixo:

```
quando [bandeira] for clicado
vá para x: (-20) y: (-140)
espere (4) seg
sempre
  se <tecla [seta para cima] pressionada?> então
    adicione (10) a y
  se <tecla [seta para baixo] pressionada?> então
    adicione (-10) a y
  se <tecla [seta para esquerda] pressionada?> então
    adicione (-10) a x
  se <tecla [seta para direita] pressionada?> então
    adicione (10) a x
```

O código acima faz o ator “Monkey” movimentar-se pelo palco ao pressionar estas teclas.

Agora, clique no ator “Monkey2” para selecioná-lo. Certifique-se de que a aba “Código” esteja selecionada e monte o código a seguir:

```
quando [bandeira] for clicado
vá para x: (20) y: (-140)
espere (4) seg
sempre
  se <tecla [w] pressionada?> então
    adicione (10) a y
  se <tecla [s] pressionada?> então
    adicione (-10) a y
  se <tecla [a] pressionada?> então
    adicione (-10) a x
  se <tecla [d] pressionada?> então
    adicione (10) a x
```

O código acima é quase igual ao anterior. A diferença está nas teclas que controlam o “Monkey2”. No lugar das setas, o jogador desse ator usará as seguintes teclas.

Dessa forma, os dois jogadores podem usar o mesmo teclado para jogar.

Clique na bandeira verde para testar seu código.

Ao iniciar o código, seu jogo deve estar igual ao dessa imagem, mas ainda falta um detalhe: saber quem comeu mais maçãs.

6. OS PONTOS DO JOGO

Para facilitar o jogo, vamos dizer que, para cada maçã comida, o jogador ganhará 1 ponto. Então, você vai criar duas variáveis que vão contabilizar os pontos de cada macaquinho.

Vá na aba "Código" e clique na categoria "Variáveis".

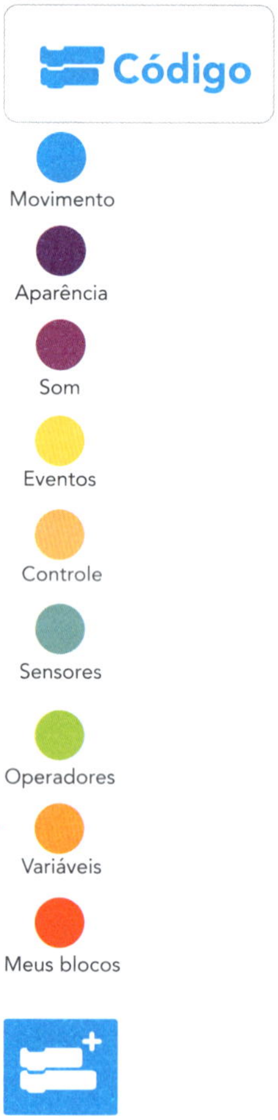

Em seguida, clique no botão "Criar uma variável". Surgirá uma janela como essa ao lado. Coloque o nome da variável e deixe marcada a opção "Para todos os atores". Como sua função será contar os pontos, nomeie como "Macaco 1" e clique em "OK".

Repita a operação para criar outra variável. Nomeie-a como "Macaco 2".

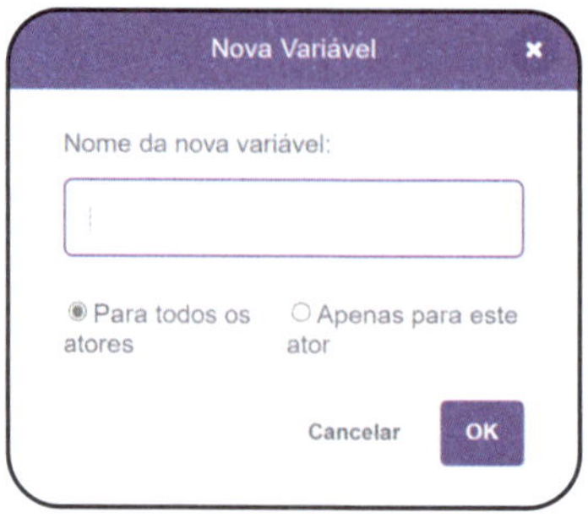

Depois de criar as duas variáveis, você poderá vê-las no canto superior esquerdo do palco. Automaticamente, elas começarão com o valor zero, mas você vai mudar isso.

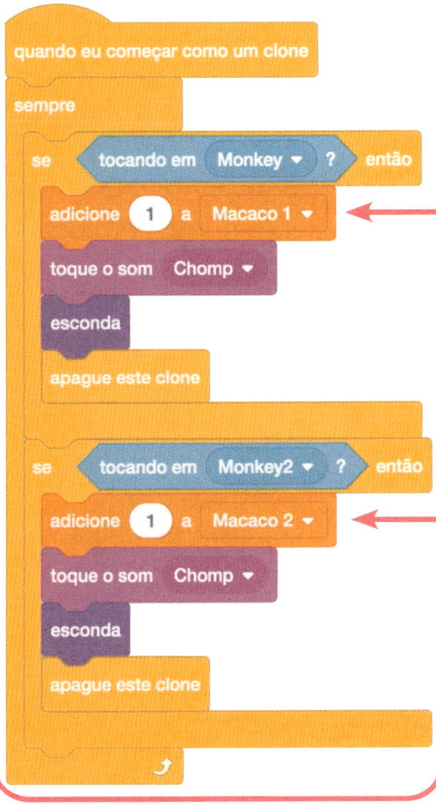

Você pode clicar em cima das variáveis no palco e arrastá-las para onde achar melhor.

Sugerimos deixá-las no topo do palco. A variável "Macaco 1", do lado esquerdo, e a variável Macaco 2 do lado direito.

Clique mais uma vez no ícone do ator "Apple" para ver o código. Insira estes dois blocos. Ambos estão na categoria "Variáveis".

Assim, sempre que "Monkey" ou "Monkey2" tocar em uma maçã, será adicionado 1 ao valor de suas respectivas variáveis. Ou seja, esses são os pontos do jogo.

Faça o mesmo com o ícone do ator "Monkey2" e coloque o bloco "mude [Macaco 2] para 0" para zerar os pontos quando o jogo for iniciado.

Agora, clique no ícone do ator "Monkey" para ver seu código. Insira o bloco "mude [Macaco 1] para 0" Ele é importante para zerar os pontos desse ator sempre que você iniciar o jogo.

Pronto! Com a indicação da pontuação de cada macaquinho, agora fica fácil ver quem pegou mais maçãs.

Clique na bandeira verde para testar seu código.

Enfim, podemos dizer que o jogo já está finalizado.

Mas você ainda pode fazer algumas alterações. Se quiser, em vez de macacos, o jogo pode apresentar naves espaciais que competem entre si para ver qual pega mais cristais. Basta alterar a aparência dos atores e do cenário.

Na aba "Fantasias", debaixo das fantasias do macaquinho, há um ícone do gatinho, mas este aqui, que fica do lado esquerdo do site, é para você escolher ou criar uma fantasia.

Clique no ícone dos atores, na aba "Fantasias", e, depois, em "Escolher fantasia".

Em vez de maçãs, você pode usar bananas ou, quem sabe, bolos de aniversário. Os macacos são gulosos!

Parabéns! Agora que você já conseguiu programar um jogo simples, pode se basear nele para criar outros jogos com algumas pequenas alterações. A seguir, mostraremos os passos para criar um jogo de batalha espacial.

Você pode conferir esse projeto neste link:
https://scratch.mit.edu/projects/556541248

UM JOGO DE BATALHA ESPACIAL

Usando a plataforma Scratch, é possível criar seus próprios jogos com muita facilidade. Nas próximas páginas, você verá como programar um game simples de batalha espacial.

1. DESENHE A NAVE

Em nosso jogo, usaremos modelos de nave e inimigos que lembram os videogames antigos. Porém, você pode fazer os desenhos do jeito que achar melhor. Vamos começar desenhando a nave do jogador.

Acesse o site do Scratch e clique em "Criar". Se já tem noção do que o Scratch faz, feche a janela com o vídeo tutorial. Se o programa estiver em inglês, não se preocupe. Clique no ícone do globo que está ao lado do nome do site e escolha o idioma "Português Brasileiro".

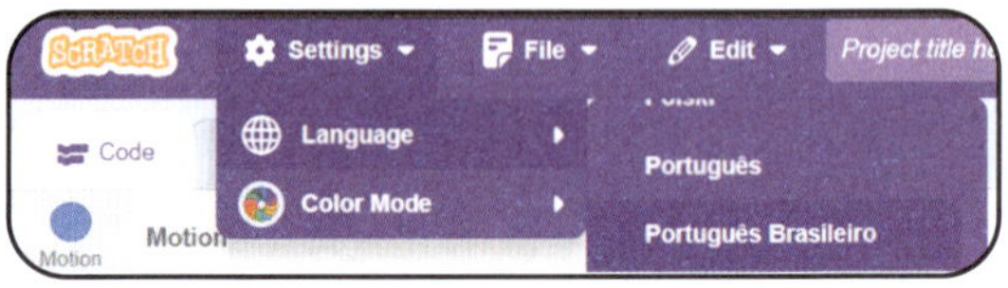

Agora, apague o gatinho laranja identificado como "Ator1" que o Scratch sempre cria ao iniciar. Obviamente, não usaremos o gatinho laranja neste jogo. Basta ir até o ícone ao lado e clicar no "x" para apagá-lo.

É como se o gatinho estivesse dizendo: "Sim, pode clicar nesse 'x' aqui do meu lado".

Agora, passe o ponteiro do mouse sobre o ícone azul que se parece com a cabeça de um gato (quem fez o Scratch deve gostar muito de gatos). Ao fazer isso, surgirá uma barra com opções, igual a essa que aparece ao lado.

Clique na opção "Pintar", representada pelo pincel. O Scratch automaticamente criará um novo ator chamado "Ator1", mas ainda faltará desenhá-lo. Faça isso usando as ferramentas que surgirão do lado esquerdo do site. Não se preocupe em fazer uma nave cheia de detalhes. Se você tiver um amigo(a) que goste de desenhar, convide-o(a) para concluir essa tarefa.

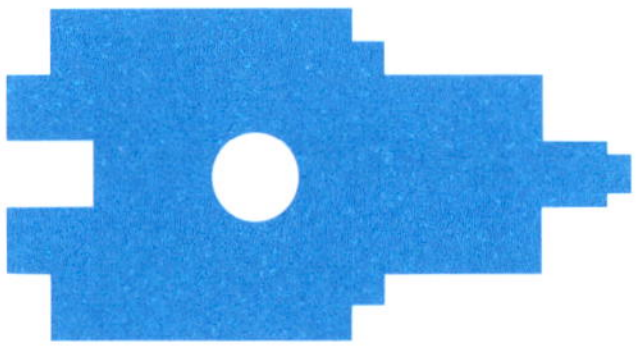

Sua nave deve ser desenhada apontada para a direita. Isso é importante porque, por definição, todos os atores do Scratch são criados com a frente apontada para a direita, ou seja, a 90 graus.

Após terminar o desenho, clique na aba "Código", localizada na região superior esquerda do site, ao lado da aba "Fantasias". Desse modo, você acessará os comandos do Scratch para programar o comportamento dos atores. Cada ator tem sua própria programação.

Ao criar atores, o Scratch os nomeará automaticamente como Ator1, Ator2, Ator3, etc. Você pode alterar esses nomes, mas, neste guia, não vamos fazê-lo.

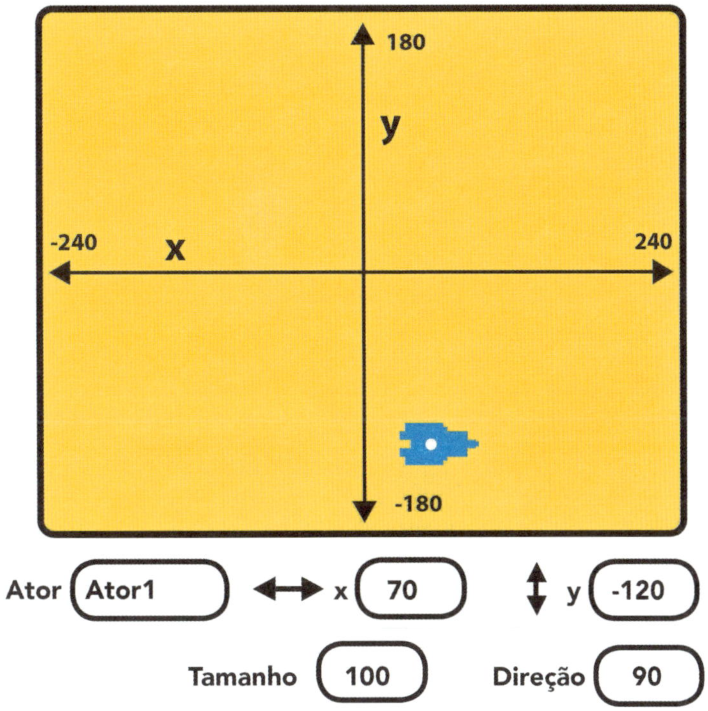

2. MOVIMENTE A NAVE

Antes de começar a programar, é necessário saber um pouco sobre o palco do Scratch, que é a região da tela onde o jogo ocorre. As posições dos atores nessa tela são numeradas da esquerda para a direita (posição "x") e de baixo para cima (posição "y"), conforme o diagrama acima.

Experimente clicar e arrastar a nave que você desenhou e soltá-la em diferentes posições no palco. Ao fazer isso, você verá que os números das posições "x" e "y" vão mudar. Ou seja, os valores de "x" e "y" determinam as coordenadas do lugar onde você deixou a nave. Se quiser, pode digitar os números diretamente nos campos "x" e "y".

A nave vai aparecer na posição que você determinou. Experimente digitar 0 para os dois valores. A posição onde x=0 e y=0 é o centro da tela. Em nosso jogo, a nave ficará na parte inferior do palco. Para isso, digite o valor negativo -120 para a posição "y", e 0 para a posição "x".

O campo "Tamanho" está em 100, mas você pode digitar outro valor (maior ou menor) para reduzir ou aumentar o ator. Também é possível alterar o tamanho do ator clicando na aba "Fantasia" e usando as ferramentas de desenho para selecionar a imagem e alterar suas dimensões. Não deixe sua nave muito grande.

PROGRAMANDO

Certifique-se de que você clicou na aba "Código" para acessar os comandos e começar a programar o comportamento do "Ator1". Programe o código abaixo, seguindo as orientações para encontrar os blocos corretos.

Bloco "sempre"

Você encontra esse bloco na categoria "Controle". O comando "sempre" executa os blocos encaixados dentro dele várias vezes, sem parar. Ou seja, enquanto estiver rodando, o programa sempre vai verificar se você pressiona as teclas ESQUERDA e DIREITA de seu computador.

Aponte

Esse bloco de movimento faz com que o ator aponte para a direção 0 (para cima). Normalmente, os atores do Scratch começam apontando para a direita, direção que indica 90 graus.

Bloco "tecla pressionada?"

Está na categoria "Sensores" e deve ser colocado dentro da condição do bloco "se... então". Clique no nome da tecla para alterá-la.

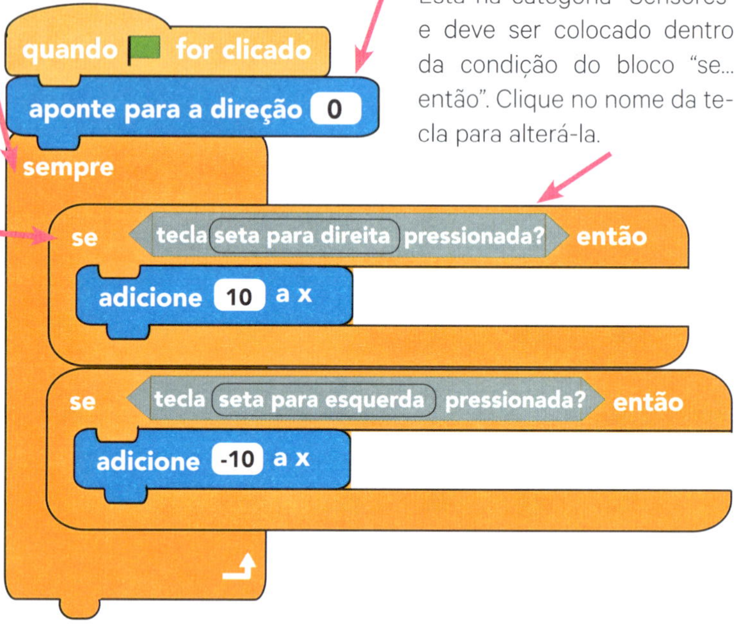

quando for clicado
aponte para a direção 0
sempre
se tecla seta para direita pressionada? então
adicione 10 a x
se tecla seta para esquerda pressionada? então
adicione -10 a x

Bloco "se... então"

Localizado na categoria "Controle", sua função é verificar se uma condição é verdadeira e, então, executar os blocos que estiverem dentro dele.

Nesse caso, programamos para que, se você pressionar a seta para a direita, então o Scratch adicionará 10 à posição "x" do ator. Como já explicamos, isso faz com que o ator se desloque para a direita. O bloco "adicione... a x" está na categoria "Movimento".

Usamos outro bloco "se... então" para fazer o ator se mover para a esquerda sempre que a tecla "seta para esquerda" for pressionada. Nesse caso, o programa adiciona -10 ao valor de "x". Adicionar um valor negativo é o mesmo que subtrair, fazendo o ator ir para a esquerda.

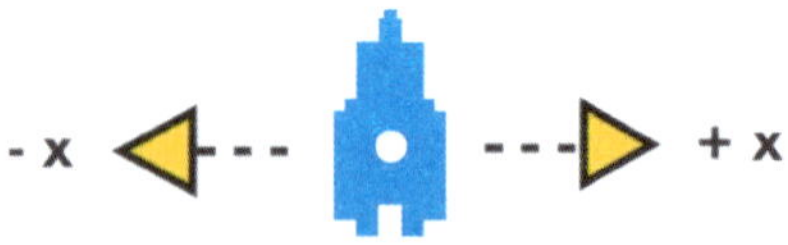

- x
+ x

TESTE O PROGRAMA

Clique na bandeira verde para iniciar seu programa. O símbolo vermelho ao lado interrompe o programa.

Pressione as teclas ESQUERDA e DIREITA. Verifique se a nave está se movendo. Se não estiver, revise o programa e veja se os dados estão iguais aos indicados acima. Se quiser que a nave se mova mais rápido, basta alterar os valores nos blocos "adicione [...] a x". No lugar de 10 e -10 coloque 12 e -12, por exemplo. Se quiser um movimento mais lento, basta colocar valores menores, como 6 e -6.

3. DESENHE O TIRO

Da mesma forma que você desenhou a nave, desenhe o tiro. Passe o mouse sobre o ícone com a cabeça do gato e clique em "Pintar". O Scratch criará um novo ator, nomeando-o automaticamente como "Ator2". No centro da tela, desenhe um pequeno retângulo, como na ilustração ao lado. Use a cor que você quiser. Aqui, escolhemos um retângulo azul para representar o tiro da nave. Lembre-se de que o tiro deve ser bem menor que a nave.

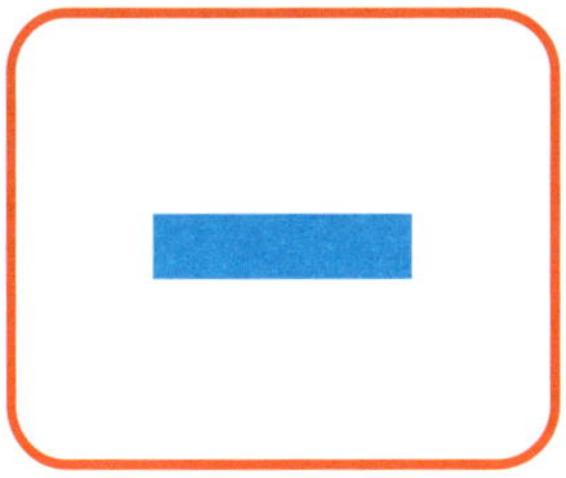

4. DISPARANDO

Agora é hora de fazer sua nave disparar. Ao concluir o desenho do tiro, clique na aba "Código" para programar o comportamento do "Ator2" com os blocos abaixo. Lembre-se de que cada ator tem a própria programação.

O primeiro bloco de controle determina que todo o restante do código será executado apenas quando o "Ator2" for criado como clone. Feito isso, o programa posiciona o tiro (Ator2) na mesma posição do "Ator1" (que é a nave). Depois, o exibe por meio do bloco "mostre" e faz ele apontar o tiro para a mesma direção em que a nave está apontando, por meio do bloco "aponte para a direção", em conjunto com o bloco de sensor "direção de Ator1". Em seguida, o tiro move para a frente 10 passos a cada repetição, até que toque uma das bordas do palco. Por fim, ele é apagado do jogo.

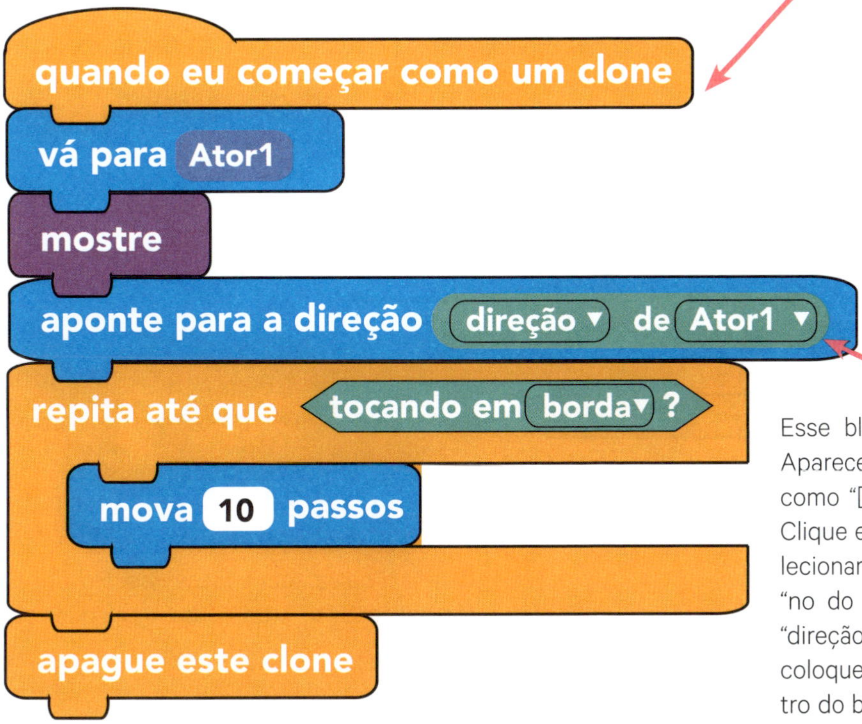

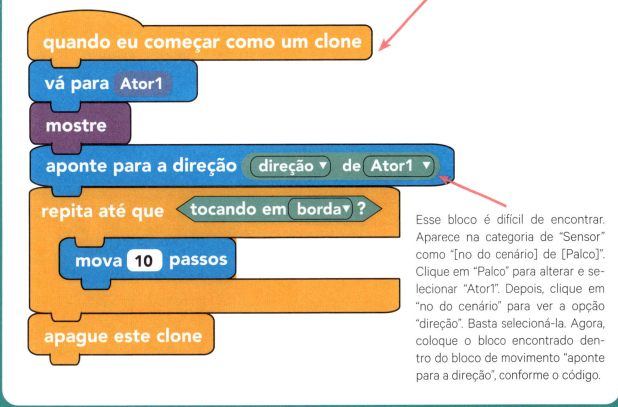

Esse bloco é difícil de encontrar. Aparece na categoria de "Sensor" como "[no do cenário] de [Palco]". Clique em "Palco" para alterar e selecionar "Ator1". Depois, clique em "no do cenário" para ver a opção "direção". Basta selecioná-la. Agora, coloque o bloco encontrado dentro do bloco de movimento "aponte para a direção", conforme o código.

5. SALVE O PROJETO

Está na hora de salvar seu projeto. Sempre que puder, salve-o para não perder o andamento do seu trabalho. No topo do Scratch, clique na opção “Arquivo” e, depois, em “Baixar para seu computador”. Escolha onde o arquivo será salvo. Posteriormente, se quiser abrir seu programa de novo, basta clicar em “Carregar do seu computador”, ir até o local onde você o salvou e abri-lo. Se você se inscrever no Scratch, a opção “Arquivo” mostrará também a opção “Salvar agora”, que salvará o projeto na nuvem do sistema. Para abrir seus projetos salvos desse modo, clique no nome da sua conta e na opção “Minhas criações”.

Até esse momento, sua nave não está disparando, pois você ainda não a programou para isso. Da mesma forma que a nave responde às teclas de movimento, você vai programar para que o clone do tiro seja criado ao pressionar a tecla de espaço.

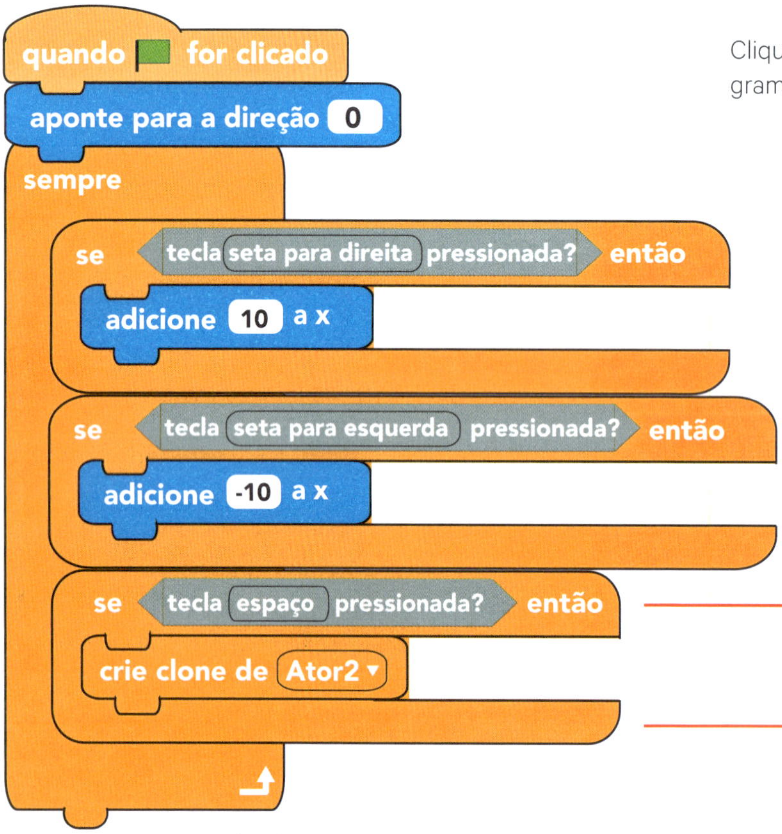

quando for clicado
aponte para a direção 0
sempre
se tecla seta para direita pressionada? então
adicione 10 a x
se tecla seta para esquerda pressionada? então
adicione -10 a x
se tecla espaço pressionada? então
crie clone de Ator2

Clique em “Ator1” para acessar a programação que você já fez para a nave.

Dentro do bloco “sempre”, acrescente mais um bloco de controle “se... então”, assim como acima. A condição será o bloco “tecla [espaço] pressionada?”, na categoria “Sensores”. No interior do bloco “se... então”, coloque o bloco “crie clone”, especificando o “Ator2”, que é o tiro que você já desenhou e programou.

Ou seja, ao pressionar a tecla de espaço, o Scratch criará um clone do tiro (Ator2), e, ao fazer isso, a programação que você fez para o “Ator2” iniciará. Clique na bandeira verde para testar o código.

6. O CENÁRIO

Por enquanto, nosso jogo ocorre diante de uma tela branca e sem graça. Vamos mudar isso. Clique sobre o ícone "Selecionar cenário", localizado no canto inferior direito do Scratch.

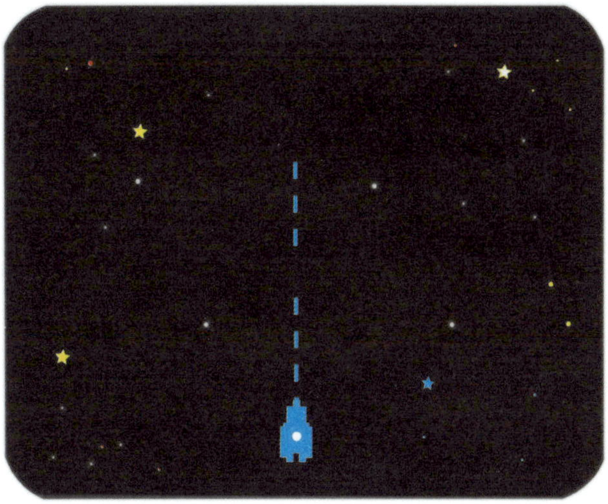

Isso o levará para uma página onde você pode escolher o pano de fundo do seu jogo. Como é um jogo de batalha espacial, clique na categoria "Espaço" e escolha o cenário "Stars", que significa "estrelas", em português.

7. NAVES INIMIGAS

Em nosso jogo, todas as naves, a princípio, serão iguais. Faremos isso para facilitar a programação.

Para criar as naves inimigas, utilize o mesmo método usado para desenhar a nave do jogador. Passe o mouse sobre o ícone "Selecione um ator" e, em seguida, clique na opção "Pintar". Ela será o "Ator3".

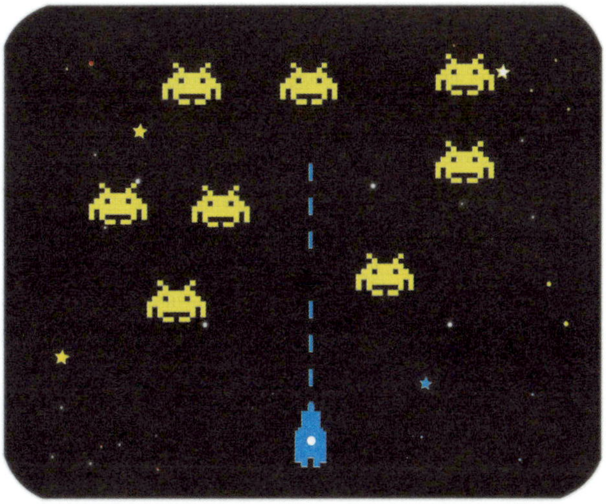

Nossa nave inimiga ficará igualzinha a uma das naves do jogo clássico *Space invaders* (1978). É claro que você pode desenhá-la do jeito que quiser. Pode até desenhar um alien no lugar de uma nave. A aparência dos inimigos não fará muita diferença. Apenas desenhe um objeto bem definido. Não deixe riscos ao redor dos desenhos, pois isso pode afetar o jogo. Desenhe uma nave pequena, de tamanho aproximado ao da nave do jogador.

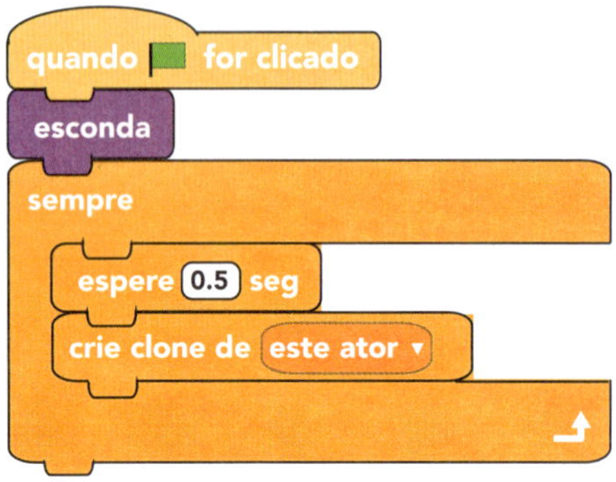
quando for clicado
esconda
sempre
espere 0.5 seg
crie clone de este ator

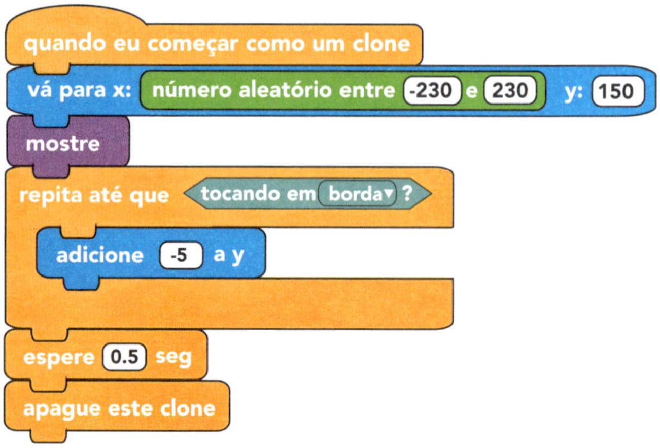
quando eu começar como um clone
vá para x: número aleatório entre -230 e 230 y: 150
mostre
repita até que tocando em borda ?
adicione -5 a y
espere 0.5 seg
apague este clone

Feito o desenho, clique na aba “Código” para programar o comportamento da nave inimiga. Programe o código acima. Como você pode ver, ele é dividido em duas partes.

A parte da esquerda faz o Scratch criar um clone da nave inimiga a cada 0,5 segundo, durante o jogo inteiro.

Já a parte da direita determina o comportamento da nave inimiga quando ela é criada a partir de um clone.

Assim que a nave é criada, o programa a posiciona em um lugar na parte superior da tela, determinada pela posição y = 150, mas em posição horizontal aleatória, determinada pelo bloco “número aleatório entre -230 e 230”, que vai determinar a posição “x”. O bloco de número aleatório está na categoria “Operadores”.

Na prática, isso fará com que sempre apareça uma nave no topo da tela, mas em posição horizontal (x) que o computador escolherá ao acaso. Além disso, enquanto a nave não tocar a borda da tela, ela sempre vai descer (isso é determinado no bloco “adicione -5 a y”).

Cuidado para não criar uma nave inimiga muito grande, pois ela poderá começar o jogo já tocando a borda superior da tela, fazendo-a sumir antes de você conseguir vê-la.

Clique na bandeira verde e verifique como o jogo está funcionando até agora. E lembre-se de salvar seu projeto.

8. ATINGINDO OS INIMIGOS

Até o momento, os disparos de sua nave passam pelas naves inimigas sem atingi-las. Para mudar isso, precisamos alterar tanto o código do tiro (Ator2) quanto o da nave inimiga (Ator3).

Primeiro, clique em "Ator2" para acessar o código do tiro.

Dentro do bloco "repita até que", abaixo do bloco "mova 10 passos", acrescente um bloco "se... então", como na imagem abaixo.

A condição do bloco "se... então" é o bloco tocando em "Ator3". Ou seja, ficará assim: se tocando em "Ator3" então. Dentro desse bloco, você adicionará dois blocos: espere 0,1 segundo e apague este clone.

Com isso, você está dizendo que o tiro deve se mover 10 passos a cada ciclo do jogo, mas se antes disso ele tocar em uma nave inimiga também sumirá. Se você testar o jogo agora, verá isso acontecer.

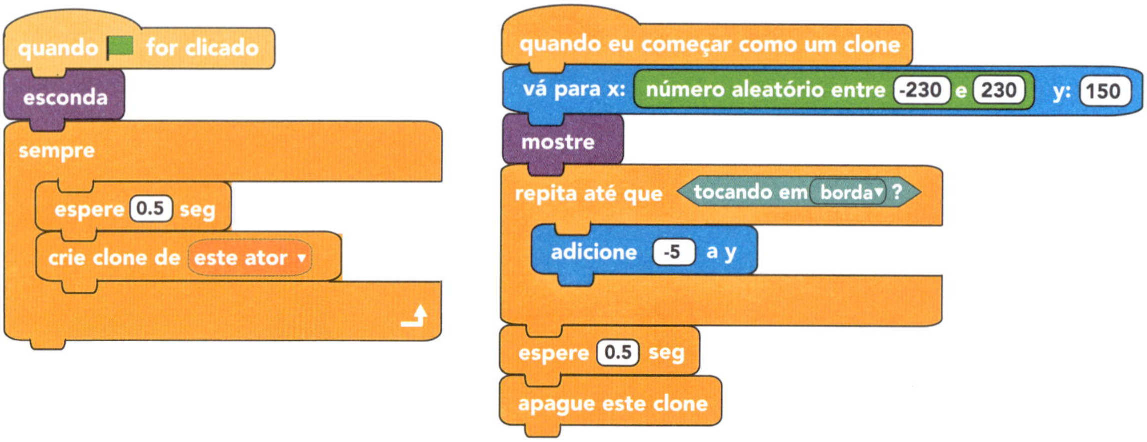
quando for clicado
esconda
sempre
espere 0.5 seg
crie clone de este ator
quando eu começar como um clone
vá para x: número aleatório entre -230 e 230 y: 150
mostre
repita até que tocando em borda ?
adicione -5 a y
espere 0.5 seg
apague este clone

Agora, clique em "Ator3", que é a nave inimiga, para acessar seu código, que deve estar parecido com o código acima (que tem duas partes).

Você vai programar para que a nave inimiga desapareça assim que um tiro a atingir. Para fazer isso, é muito fácil. Basta alterar o conjunto de blocos da direita.

No bloco "repita até que", você vai adicionar um bloco de controle "se... então", como pode ver no código abaixo.

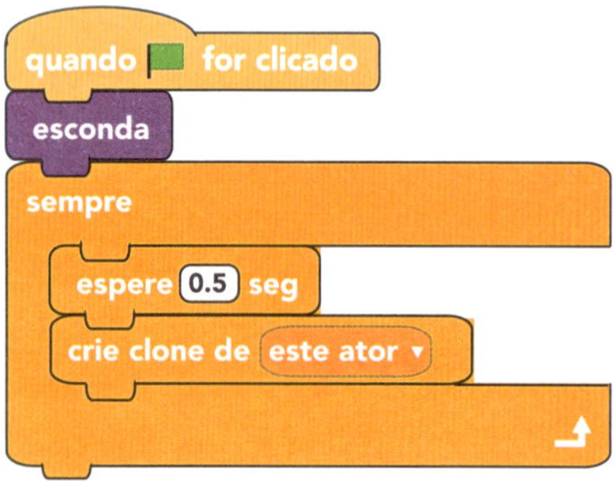
quando for clicado
esconda
sempre
espere 0.5 seg
crie clone de este ator

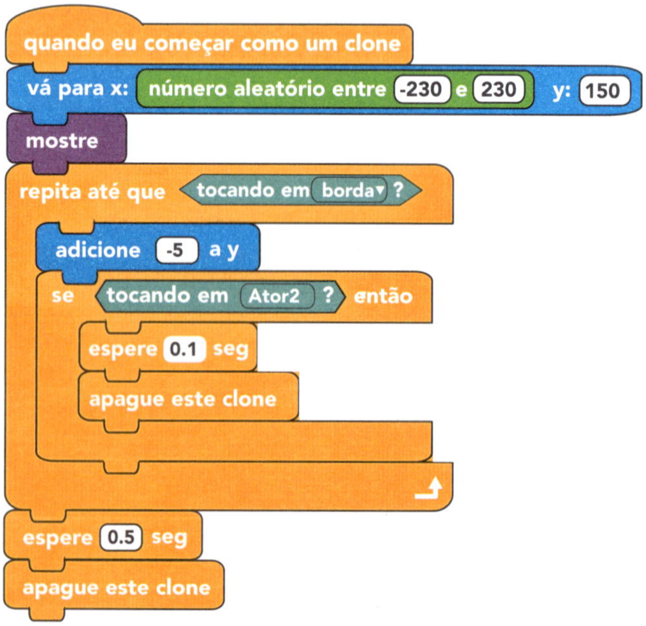
quando eu começar como um clone
vá para x: número aleatório entre -230 e 230 y: 150
mostre
repita até que tocando em borda ?
adicione -5 a y
se tocando em Ator2 ? então
espere 0.1 seg
apague este clone
espere 0.5 seg
apague este clone

Ao testar o jogo, você verá que, agora, as naves inimigas desaparecem ao serem atingidas por um disparo.

9. GAME OVER

Até o momento, os inimigos podem ser destruídos com seus disparos, mas sua nave permanece intacta! Isso não é muito justo e também deixa o jogo sem graça. Todo jogo precisa de um desafio.

Após desenhar a explosão e o cenário GAME OVER, acrescente estes blocos.

Portanto, vamos programar para que a nave do jogador seja destruída quando tocar em uma nave inimiga. Nos videogames, normalmente aparece uma mensagem na tela dizendo: GAME OVER, que significa "fim do jogo", em português.

Para fazer o GAME OVER desse jogo, você terá que desenhar a nave destruída (normalmente, o desenho de uma explosão é o suficiente) e criar um cenário parecido com o do jogo, mas com a frase GAME OVER no centro.

Clique no "Ator1" e, depois, na parte superior esquerda do site, clique na aba "Fantasia". Agora, você verá que, embaixo das fantasias do "Ator1", haverá um ícone com a cabeça do gatinho. Passe o mouse sobre ele e clique na opção "Pintar". Automaticamente, isso cria uma nova fantasia em branco para o "Ator1", chamada "Fantasia2", então você terá que desenhar uma explosão.

Agora, você vai criar a tela de GAME OVER. Para isso, clique no ícone "Selecionar cenário", localizado no canto inferior direito do site. Escolha o mesmo cenário que você usou para o jogo. Assim, o Scratch vai criar um novo cenário, chamado "Cenário1", e mostrará as ferramentas para você editar o visual dele. Clique na ferramenta de texto e, depois, no centro do novo cenário. Digite GAME OVER ou FIM DO JOGO. Você pode alterar o tipo de fonte, se quiser. Experimente a fonte Pixel. Ela se parece com as letras usadas nos videogames mais antigos.

10. SCORE: OS PONTOS

Para o jogo ficar completo, falta apenas programar a pontuação (ou score). Ela vai mostrar quantas naves inimigas você conseguiu destruir. Para isso, crie uma variável chamada "pontos".

Vá na categoria "Variáveis" e clique na opção "Criar uma variável". Aparecerá uma janela como exemplificado ao lado. Digite a palavra "pontos" para nomear a variável.

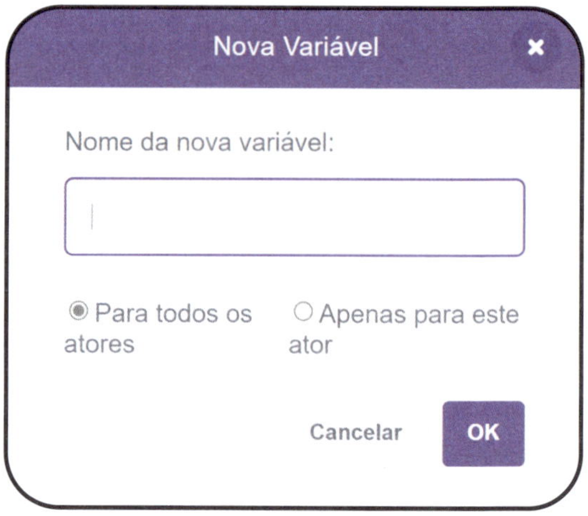

Nova Variável
Nome da nova variável:
Para todos os atores
Apenas para este ator
Cancelar
OK

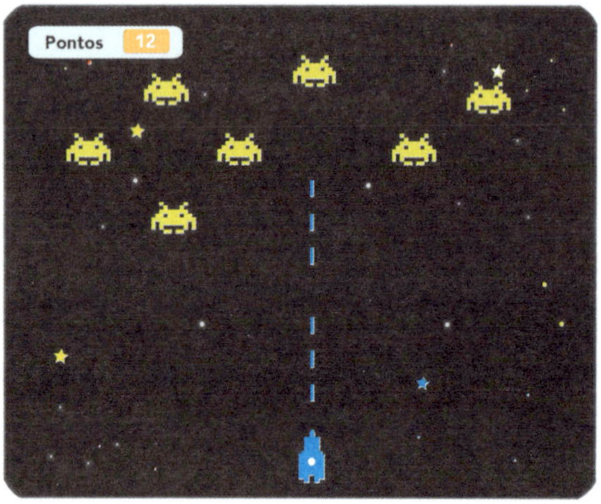

Pontos
12

Depois de clicar em "OK", perceba que a variável passa a ser exibida no palco do jogo, na parte superior esquerda. Se quiser, pode usar o mouse para clicar e mover essa variável para outro lugar do palco.

Agora clique no "Ator3", a nave inimiga. Você vai acrescentar o bloco "adicione 1 a [pontos]", como está no código abaixo.

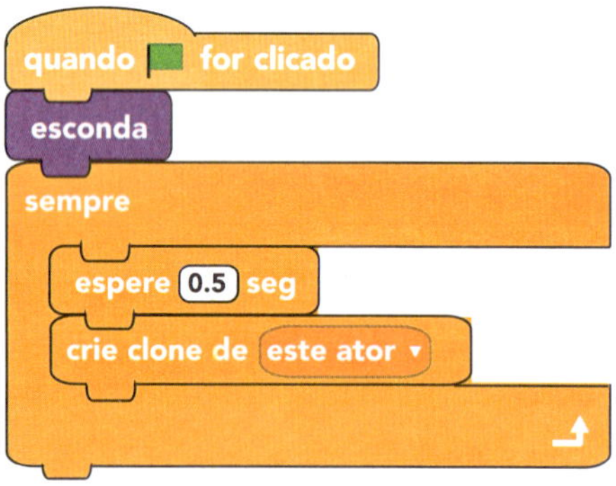

quando for clicado
esconda
sempre
espere 0.5 seg
crie clone de este ator

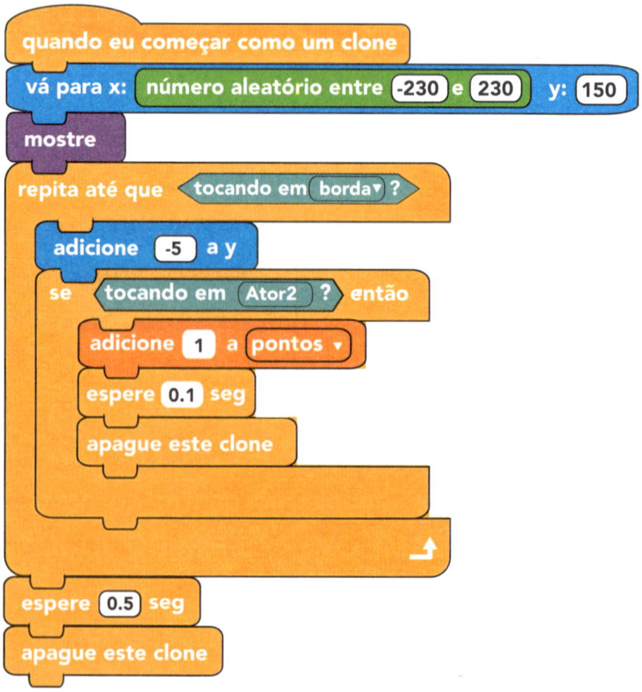

quando eu começar como um clone
vá para x: número aleatório entre -230 e 230 y: 150
mostre
repita até que tocando em borda ?
adicione -5 a y
se tocando em Ator2 ? então
adicione 1 a pontos
espere 0.1 seg
apague este clone
espere 0.5 seg
apague este clone

Sempre que o jogo começar, é necessário que a variável "Pontos" esteja zerada. Se isso não for feito, o jogo começará com a pontuação da partida anterior! Portanto, clique no "Ator1" para acessar seu código. Logo abaixo do primeiro bloco "quando [ícone bandeira verde] for clicado", acrescente o bloco de variável "mude pontos para 0", como se vê ao lado.

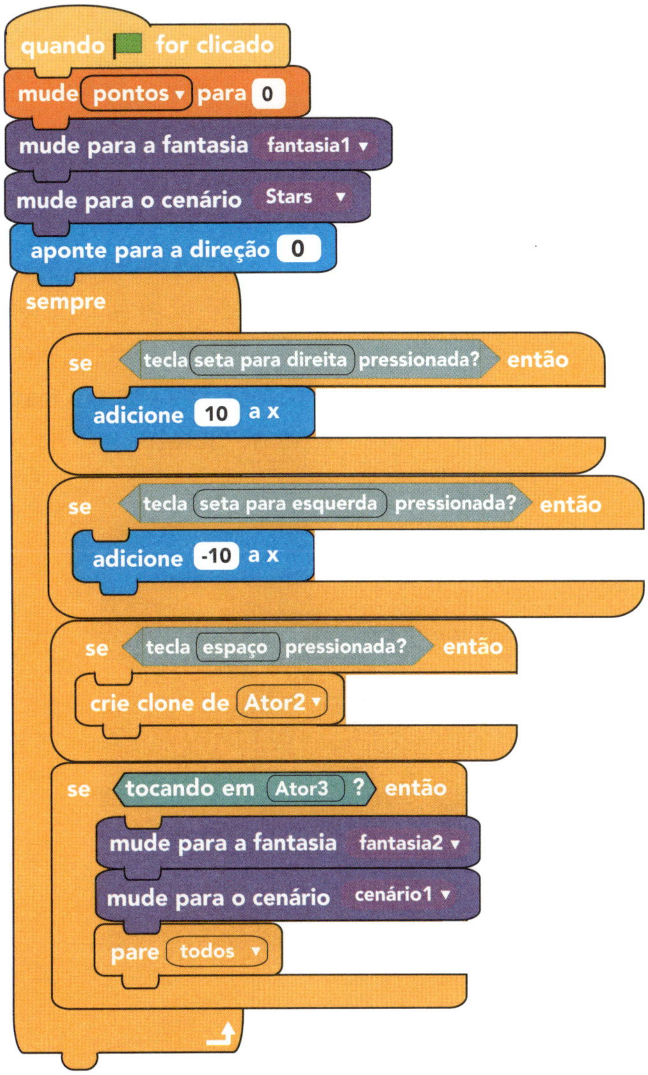

PRONTO!

Seu jogo está finalizado! Chame um amigo e veja quem consegue mais pontos antes de se chocar contra uma nave inimiga. Você saberia como realizar ajustes para deixar o jogo mais divertido?

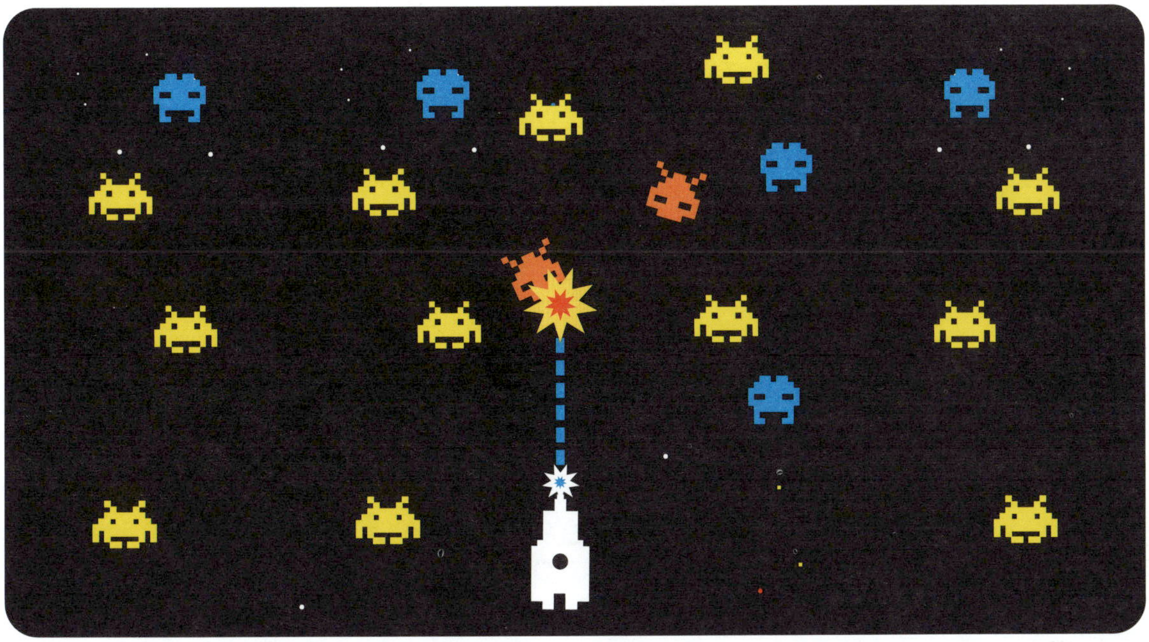

O PULO DO GATO
OS MOVIMENTOS DO HERÓI

Em muitos jogos, o jogador controla um protagonista que se movimenta para os lados e pula, como no jogo *Super Mario Bros*. Este tópico vai ensinar você a fazer o herói de seu game pular. Preparado? Acesse o ambiente de programação do Scratch e siga os passos.

Ator1

1: Selecione o "Ator1" (gato) e programe o seguinte código:

quando a tecla espaço for pressionada
repita 20 vezes
adicione 5 a y
espere 0.2 seg
repita 20 vezes
adicione -5 a y

No Scratch, adicionar -5 é o mesmo que subtrair 5. O valor "y" controla a movimentação dos atores na vertical. Ou seja, aumentar faz o personagem subir na tela. Reduzir o faz descer.

2: Pressione espaço para ver o pulo do gato. Agora, faça-o andar pela tela teclando nas setas "para a direita" e "para a esquerda" do teclado. Ao lado do primeiro código, programe o seguinte:

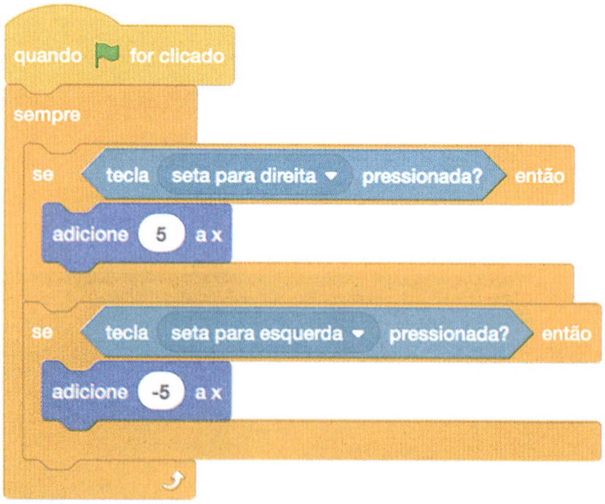
quando for clicado
sempre
se tecla seta para direita pressionada? então
adicione 5 a x
se tecla seta para esquerda pressionada? então
adicione -5 a x

Para testar, clique na bandeira verde. Pressione espaço e as teclas de movimento (esquerda e direita).

Agora, o gato já pode pular e andar para os lados conforme seu comando. Isso quer dizer que você já tem o herói do seu game. O próximo passo é criar um cenário para seu jogo.

3: Clique no botão "Selecionar cenário", localizado no canto inferior direito do Scratch, e escolha o cenário chamado "Blue sky". Agora, clique e arraste o gato, para que ele fique "pisando" no chão do cenário.

O herói de um jogo deve ter algum desafio. Ficar andando e pulando pela tela não tem muita graça. Portanto, vamos criar um desafio para ele.

O que acha de caranguejos? Nesse game, os caranguejos vêm em direção ao herói. Cada animal que chegar ao outro lado da tela dá 10 pontos para o jogador, mas se o caranguejo tocar no herói ele perde 10 pontos.

4: Crie uma variável chamada "Pontos", além de um novo ator, selecionando o "Crab". Altere o tamanho para 60. Depois, mantendo-o selecionado, programe o seguinte código, composto de dois grupos:

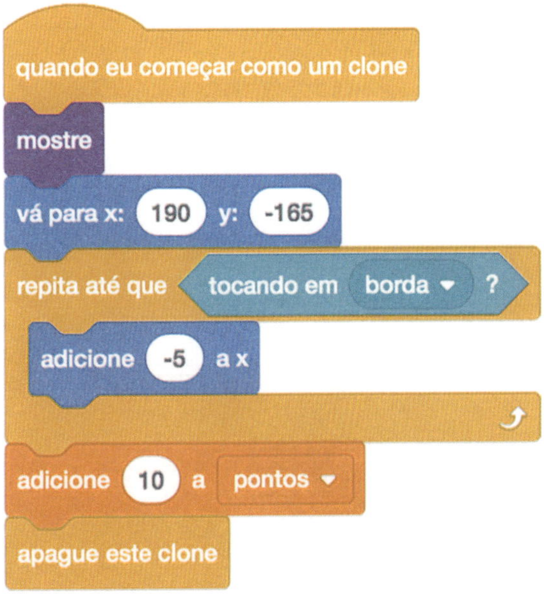

Se decidir fazer algumas alterações no game, cuidado para que o caranguejo não inicie encostado na borda, pois isso o fará desaparecer antes que você o veja.

Acesse esse projeto em: https://scratch.mit.edu/projects/553812606

Clique na bandeira verde para testar o jogo. Se os comandos estiverem corretos, a cada 4 segundos surgirá no lado direito do palco um caranguejo que vai andar pela tela até a borda esquerda.

Quando chegar ao total de 10 caranguejos, o programa parará de criar clones.

Por enquanto, nada acontece se o "Crab" tocar no gato, mas vamos mudar isso. Selecione o "Ator1" para alterar o código do gato e insira os blocos indicados abaixo.

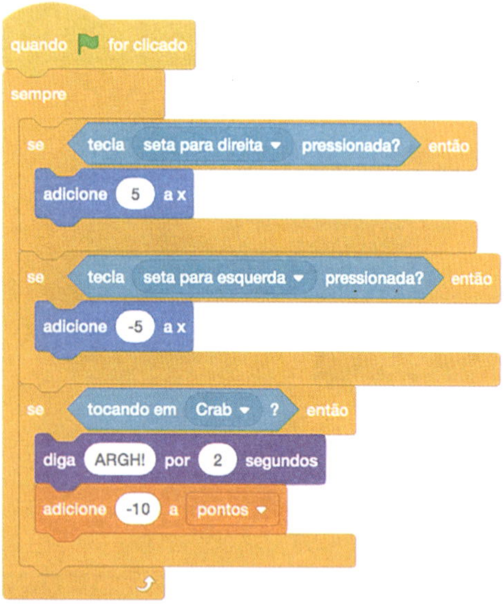
quando for clicado
sempre
se tecla seta para direita pressionada? então
adicione 5 a x
se tecla seta para esquerda pressionada? então
adicione -5 a x
se tocando em Crab ? então
diga ARGH! por 2 segundos
adicione -10 a pontos

Depois de inserir os comandos, teste o jogo. Agora, se o gato tocar no Crab, o programa exibirá um balão de fala com ARGH! por 2 segundos, e você perderá 10 pontos.

Se toda a programação correu bem, você acabou de fazer um jogo simples. Ele já está pronto, mas pode ser aprimorado. Abaixo, há algumas sugestões para tornar seu jogo mais divertido:

1. Colocar som ao pular.
2. Colocar som ao ser atingido.
3. Mudar a expressão do rosto ao ser atingido pelo caranguejo.
4. Atacar os caranguejos.
5. Barra de *life* (energia).
6. Tela de GAME OVER.

Essas são apenas algumas sugestões. O mais importante é que, agora, você pode usar os códigos que acabou de programar para fazer jogos semelhantes. Pode substituir o caranguejo por um inseto (joaninha), por exemplo, e trocar o gato por um personagem criado por você.

PROGRAME UM CLÁSSICO NO SCRATCH

Lançado em 1972, o jogo *Pong* é considerado o primeiro videogame de sucesso do mundo. Inspirado em uma partida de tênis, o jogo ajudou a consolidar a indústria do videogame, que era novidade na época.

Agora, considerando que você já tem familiaridade com a plataforma de programação Scratch, siga os passos para criar a própria versão desse game clássico. *Pong* é muito simples. Tudo o que há na tela são dois *paddles* (que simulam as raquetes) controlados pelos jogadores e a bola do jogo. Depois de acessar o site do Scratch, clicar em "Criar" e apagar o "Ator1" (gato laranja), siga este passo a passo.

1. CRIANDO O CENÁRIO

O cenário de *Pong* clássico é apenas um fundo negro. No Scratch, você faz isso posicionando o mouse sobre o ícone "Selecionar cenário" e, depois, clicando em "Pintar". Do lado esquerdo, aparecerá um painel para você desenhar o cenário. Use a ferramenta com o ícone de um quadrado para desenhar um quadrado negro que preencherá todo o palco. Pronto.

2. CRIANDO OS PADDLES

Agora, posicione o mouse em "Selecionar um ator", ícone na parte inferior direita do Scratch que se parece com um gatinho. Depois, clique em "Pintar".

Ao fazer isso, na parte esquerda do Scratch surgirá uma área onde você desenhará o novo ator, que chamaremos de "Paddle". Selecione a ferramenta de pintura com o ícone de um quadrado e, depois, clique na área e arraste, desenhando um retângulo simples. Deixe-o centralizado na área de pintura (imagem abaixo).

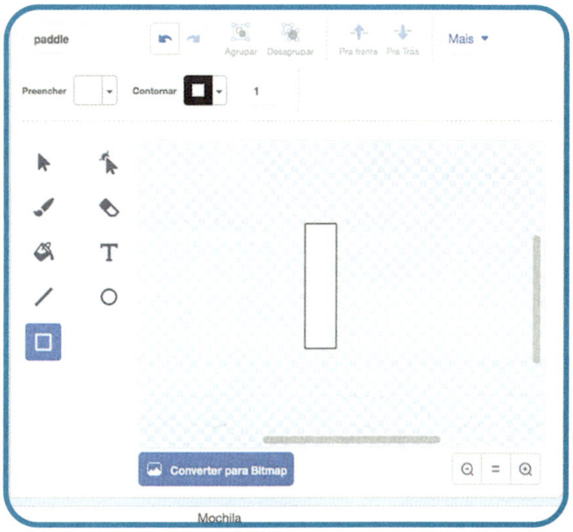

Você pode usar a cor que preferir, mas, se quiser fazer um jogo semelhante ao clássico, desenhe um retângulo branco. Agora, na parte inferior direita, altere o nome "Ator1" para "Paddle", caso ainda não tenha feito isso. Então, clique na aba superior esquerda chamada "Código" e programe o código ao lado.

Você deve ter notado que escolhemos as teclas A e Z para controlar o "Paddle" para cima e para baixo. Esse é o "Paddle" da esquerda e será controlado pelo jogador 1.

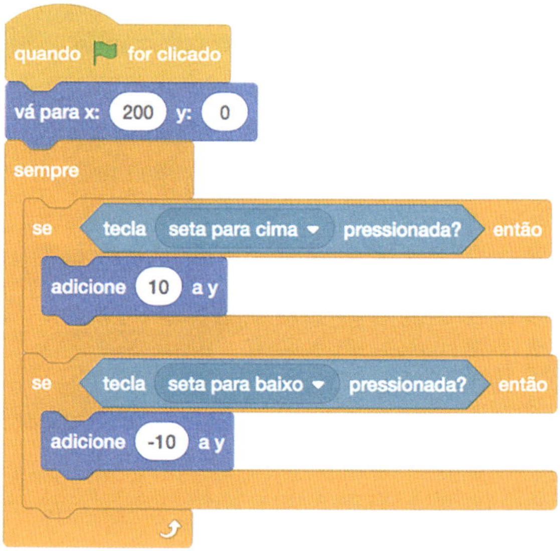

quando for clicado
vá para x: 200 y: 0
sempre
se tecla seta para cima pressionada? então
adicione 10 a y
se tecla seta para baixo pressionada? então
adicione -10 a y

quando for clicado
vá para x: -200 y: 0
sempre
se tecla a pressionada? então
adicione 10 a y
se tecla z pressionada? então
adicione -10 a y

Em seguida, usando o painel da parte inferior direita, clique no ícone do ator "Paddle" com o botão direito do mouse. Surgirão algumas opções. Clique em "Duplicar".

Ao fazer isso, o Scratch criará outro ator com o nome "Paddle2" e a mesma programação do primeiro "Paddle". Porém, você precisa fazer algumas alterações na posição dele e nas teclas que o controlam.

No lugar das teclas A e Z, o jogador 2 usará as teclas direcionais para cima e para baixo. Mude a posição "x" para 200. Deixe o código do "Paddle2" igual ao da imagem ao lado.

Essa escolha de teclas torna mais fácil que os dois jogadores possam usar o mesmo teclado na hora da partida, pois as teclas de controle de ambos estarão distantes umas das outras.

3. CRIANDO A BOLA DO JOGO

Agora chegou a hora de criar e programar a bola do jogo. Posicione o mouse sobre o ícone "Selecionar um ator" e clique em "Pintar". Usando a ferramenta círculo, desenhe essa forma em tamanho pequeno. Ele será a bola do jogo. Clique na aba "Código" e programe o código ao lado.

Clique na bandeira verde para jogar e testar seu programa.

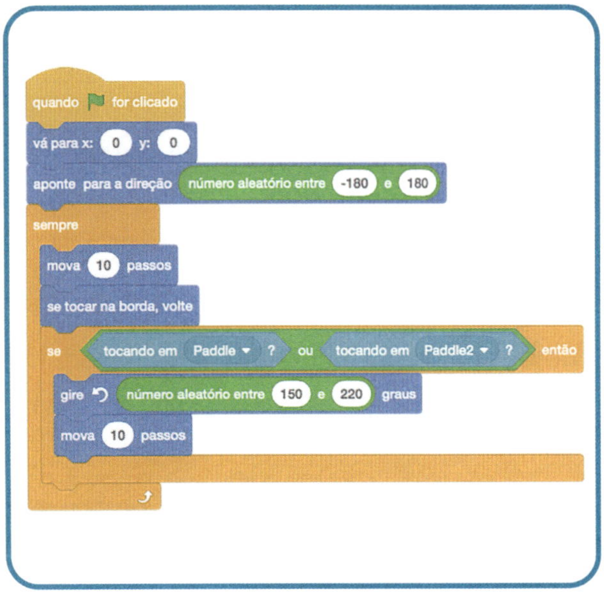

4. A PONTUAÇÃO

Note que, por enquanto, o jogo não marca pontos quando a bola toca na borda atrás dos paddles.

Para adicionar a pontuação ao jogo, você precisará criar duas variáveis chamadas "pontos A" e "pontos B". É claro que é possível nomeá-las como preferir, mas pode facilitar a identificação se você chamar de "pontos A" a variável que vai contar os pontos do jogador 1 e de "pontos B" a variável que vai contar os pontos do jogador 2.

Depois de criar as variáveis, elas vão aparecer no palco do Scratch. Clique sobre elas com o botão direito do mouse e escolha a opção "Letras grandes" para que fiquem mais visíveis. Clique também sobre as variáveis com o botão esquerdo do mouse e arraste-as para posicioná-las melhor, como demonstrado ao lado.

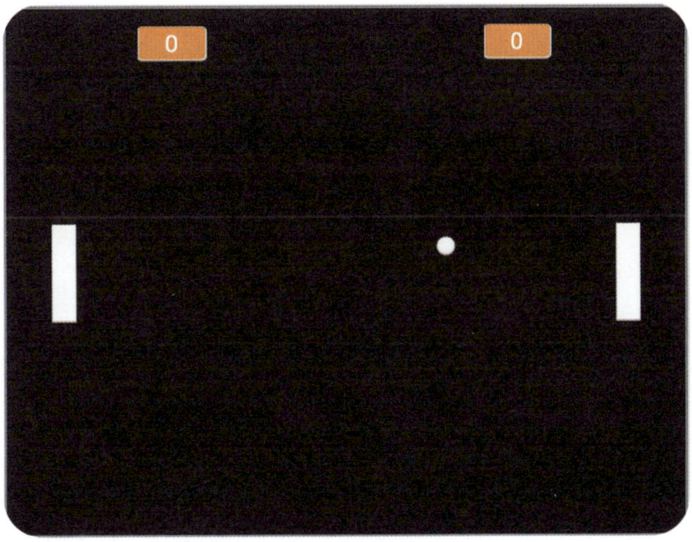

Com o ator da bola selecionado, insira estes dois blocos de comando para zerar os pontos sempre que você iniciar o jogo ao clicar na bandeira verde.

Falta dizer ao Scratch que, quando a bola atingir a borda atrás de cada paddle, ele deverá marcar um ponto para um jogador. Isso é feito usando a posição "x" da bola do jogo.

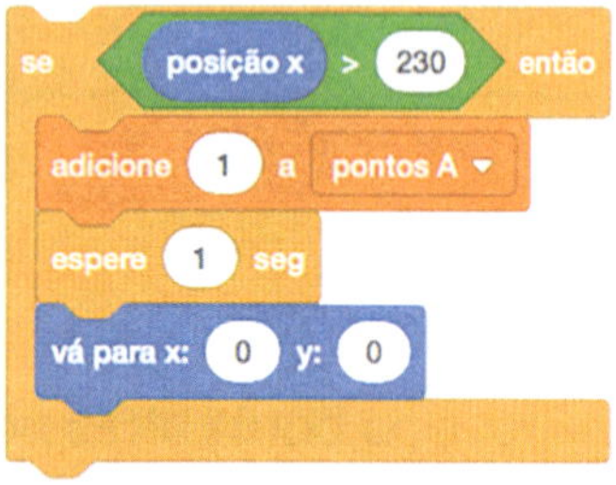

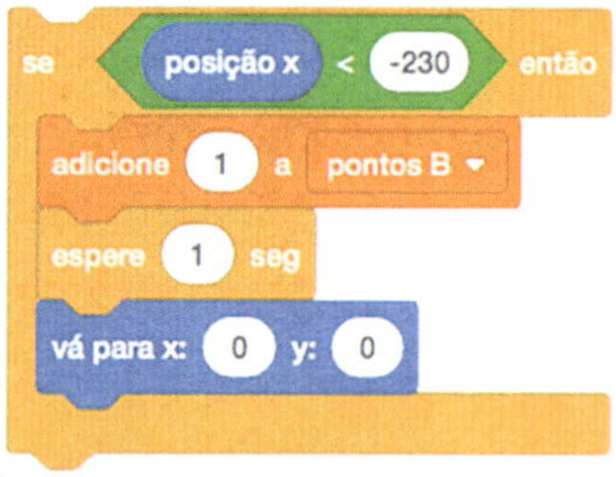

Ainda no código da bola do jogo, programe os dois códigos ao lado.

O primeiro diz que, se a posição "x" da bola for maior que 230 (borda direita), então se adicionará 1 à variável "pontos A" e, depois de 1 segundo, se posicionará a bola novamente no centro da tela.

O segundo código faz a mesma coisa, mas em relação à borda esquerda. Quando a posição "x" for menor que -230, será adicionado 1 à variável "pontos B".

Depois, encaixe um código no outro e insira-os no código já programado, dentro do bloco "sempre", conforme a imagem ao lado.

Pronto. Você já pode chamar um amigo para uma partida. Quem conseguir 10 pontos primeiro vence.

Você pode aprimorar esse jogo. Como faria para colocar som quando a bola tocar os paddles? E como faria para a velocidade da bola ir aumentando ao longo das rodadas?

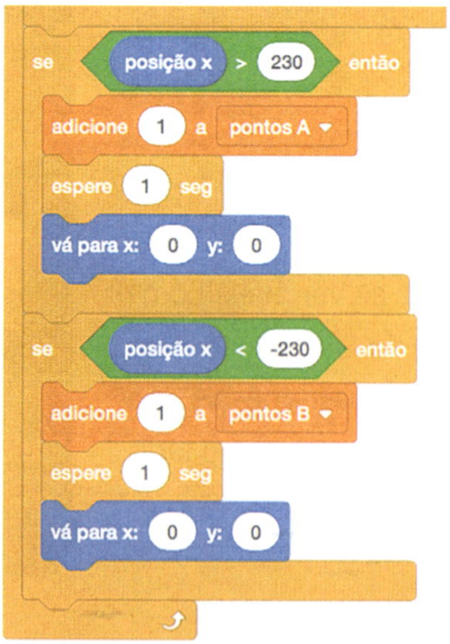

PARTE 3

BOARD GAMES

Esta parte ensina a criar jogos e a se divertir sem precisar das novas tecnologias e foi desenvolvida para crianças a partir dos sete anos.

O uso de board games (jogos de tabuleiro) na área da educação não é novidade, mas, com o surgimento de aplicativos educativos que cabem na palma da mão, esse método tende a ser esquecido, especialmente em relação ao aprendizado de programação. A grande variedade desses softwares – atraentes para as crianças e práticos para os pais –, embora seja útil, pode trazer alguns problemas.

Estudos recentes indicam que o uso descontrolado das novas tecnologias (smartphones e tablets) pode afetar as crianças de forma negativa, atrapalhando a visão e o desenvolvimento da fala, assim como causar obesidade e problemas emocionais. Tais estudos são da Sociedade Canadense de Pediatria e da Academia Americana de Pediatria.

Esse dado é mais preocupante para crianças e adolescentes, que ainda estão em fase de desenvolvimento. Ainda segundo o estudo, uma solução apontada é limitar a exposição às telas a cerca de uma hora por dia.

Portanto, é preferível que, em vez de realizar atividades diante da tela de um dispositivo eletrônico, as crianças passem mais tempo em dinâmicas educativas tradicionais; e o uso de jogos de tabuleiro é uma solução que, além de garantir a diversão, tem a vantagem de não precisar de internet nem de energia elétrica, além do fato de auxiliar no desenvolvimento de habilidades sociais.

Os jogos de tabuleiro apresentados nesta parte são bem simples, e suas regras servem de boa introdução à lógica de programação. O primeiro jogo é um tipo de aventura solo na qual o jogador deve usar comandos simples (bem parecidos com os da linguagem Logo, de Seymour Papert) para guiar um robozinho em quatro missões. O segundo jogo é uma competição, também inspirada na linguagem Logo. Nele, os jogadores controlam naves espaciais com cartas de comando. Divirta-se!

CODE MISSION: SALVANDO A ROBOZINHA

Esta atividade é um exemplo de programação unplugged (desplugada), termo usado para definir atividades relacionadas à programação sem a necessidade de um computador.

Um belo dia, Bob, o robô vermelho, estava com a namorada Pinky, a robozinha. Porém, apareceu um grupo de monstros que a levou para o esconderijo deles, em uma torre no meio da floresta. Agora, Bob precisa de sua ajuda para resgatar Pinky.

Neste jogo, você não precisa de computador nem de tablet ou celular, mas apenas deste material, uma folha de papel e um lápis.

Em cada missão, você terá que escrever os comandos necessários para que Bob ande pelas casas (quadrados) e chegue até seu objetivo. Ao todo, são quatro missões. Em cada uma delas, você vai escrever uma lista de comandos para o personagem cumprir o objetivo.

Os comandos são instruções de movimento: FRENTE, TRÁS, GIRAR ESQUERDA e GIRAR DIREITA.

Os comandos FRENTE e TRÁS deverão vir acompanhados da quantidade de casas que o herói terá que se movimentar. Por exemplo, FRENTE 3 fará Bob andar 3 casas para a frente. TRÁS 2 fará o robozinho voltar 2 casas. Na próxima página, você descobrirá mais sobre Bob e seus movimentos.

COMANDOS & MOVIMENTOS

FRENTE

O comando FRENTE faz Bob andar um número de casas para a frente. Se você escrever FRENTE 1, ele andará uma casa. Se escrever FRENTE 3, ele andará três casas.

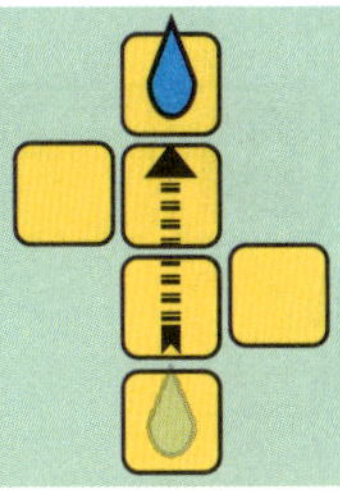

GIRAR ESQUERDA

O comando GIRAR ESQUERDA faz Bob girar para a esquerda. Simples assim.

GIRAR DIREITA

O comando GIRAR DIREITA faz Bob girar para a direita.

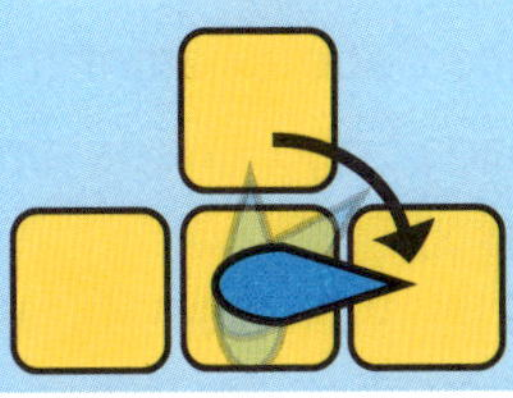

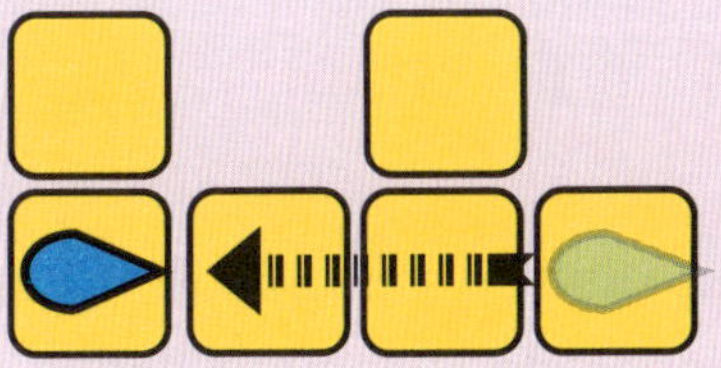

TRÁS

O comando TRÁS faz Bob retornar um número de casas. Escrevendo TRÁS 1, ele voltará uma casa. Escrevendo TRÁS 4, voltará quatro casas.

PRIMEIROS PASSOS

Se você já jogou os jogos de computador *Space Code* e *Code Combate*, tem uma boa noção de como funciona o *Code Mission*.

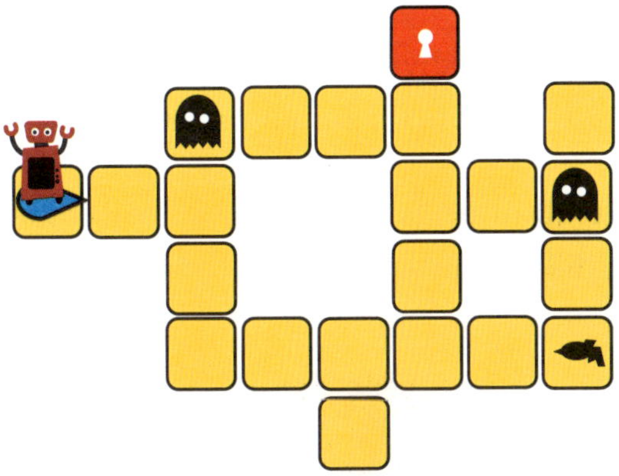

Mas, se ainda não jogou, não tem problema. Vamos explicar.

Ao lado, temos um exemplo de missão. Nela, Bob, o robô, precisa chegar ao quadrado onde está uma arma a laser, evitando os quadrados onde estão os monstros.

Usando os comandos já explicados, as direções indicadas ao lado e abaixo farão com que Bob cumpra parte da missão.

```
FRENTE 2
GIRAR DIREITA
FRENTE 2
GIRAR ESQUERDA
FRENTE 5
```

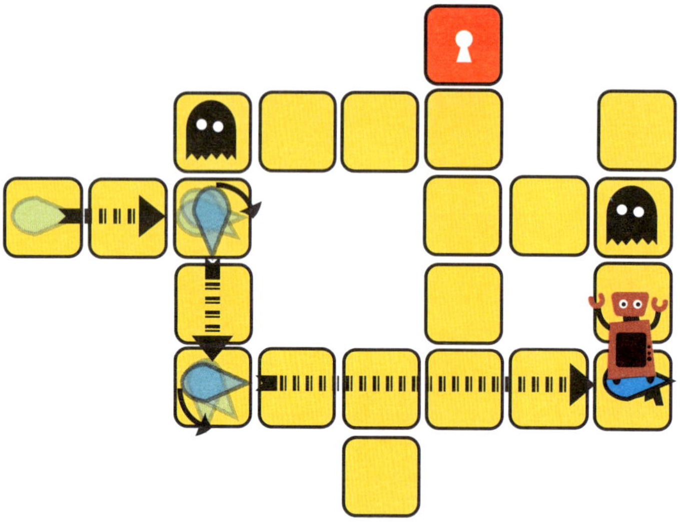

Na imagem ao lado, podemos ver os movimentos que Bob realiza ao seguir a direção indicada na página anterior. Ele anda dois quadrados para a frente. Depois, vira para a direita, anda dois quadrados para a frente, gira para a esquerda e anda cinco quadrados para a frente, chegando ao quadrado onde está uma arma a laser. Pronto.

Os comandos desse jogo, assim como os dos jogos de computador *Space Code* e *Labirinto clássico,* foram inspirados em uma linguagem de programação chamada Logo, criada em 1967 para o aprendizado de crianças.

Nessa linguagem, os jovens usuários programavam robôs para que realizassem diversos tipos de desenhos em folhas de papel.

MISSÕES DIFÍCEIS?

As missões desse jogo foram criadas para apresentar certo grau de dificuldade. Portanto, algumas delas podem ser consideradas difíceis, dependendo de suas habilidades e de sua experiência com jogos desse tipo.

Então, se estiver encontrando muitas dificuldades, peça ajuda para seus pais, professores ou algum amigo mais experiente.

Também é possível criar missões mais simples para você tentar resolver e ir aumentando a dificuldade aos poucos, até que possa concluir todas as missões deste livro.

MISSION 01

Em sua primeira missão, você deve programar Bob para que ele ande pela floresta até chegar à torre dos monstros, local onde Pinky está aprisionada. Leia as regras da missão e boa sorte!

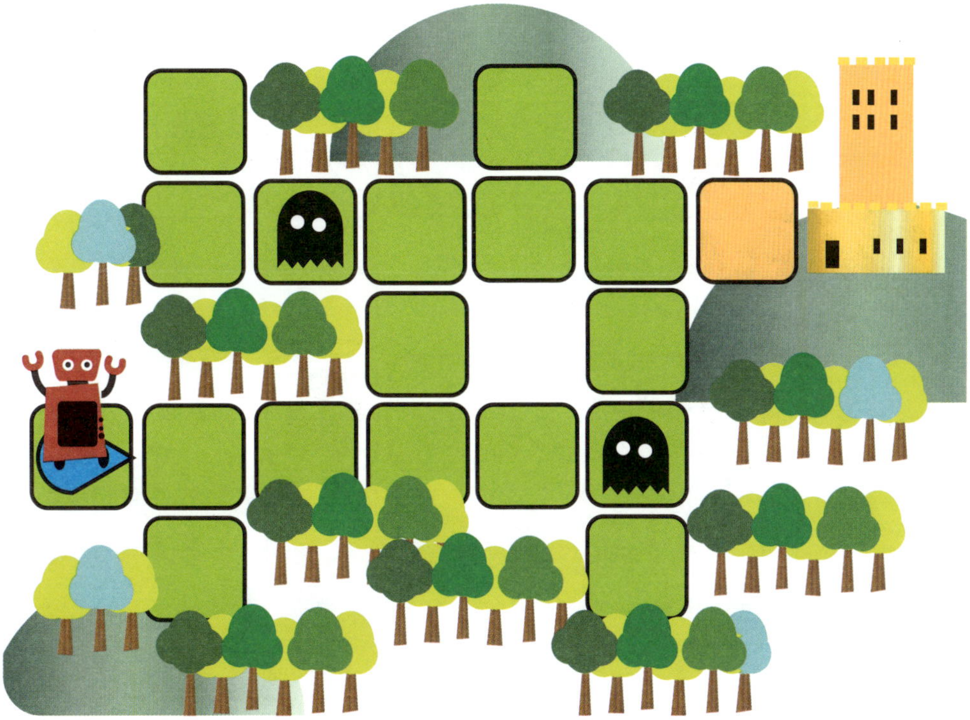

REGRAS

1) Sua missão é chegar ao quadrado de cor laranja, que é a entrada da torre, para onde os monstros levaram a robozinha.

2) Você deve usar os comandos indicados nas páginas anteriores.

3) Vá pelo caminho mais curto usando a menor quantidade de comandos, mas sem passar pelos quadrados ocupados pelos monstros.

Agora, pegue um lápis ou uma caneta, uma folha de papel e escreva a lista de comandos para que Bob cumpra sua missão. A resposta está na página seguinte.

O grau de dificuldade dessa missão é fácil, para que você possa se familiarizar com o jogo. Porém, se estiver com dificuldades, uma dica é usar um pequeno boneco para representar o robozinho movendo-se pelas casas (ou quadrados) conforme os comandos. Isso ajudará você a resolver todos os desafios do jogo.

RESPOSTA DA MISSION 01

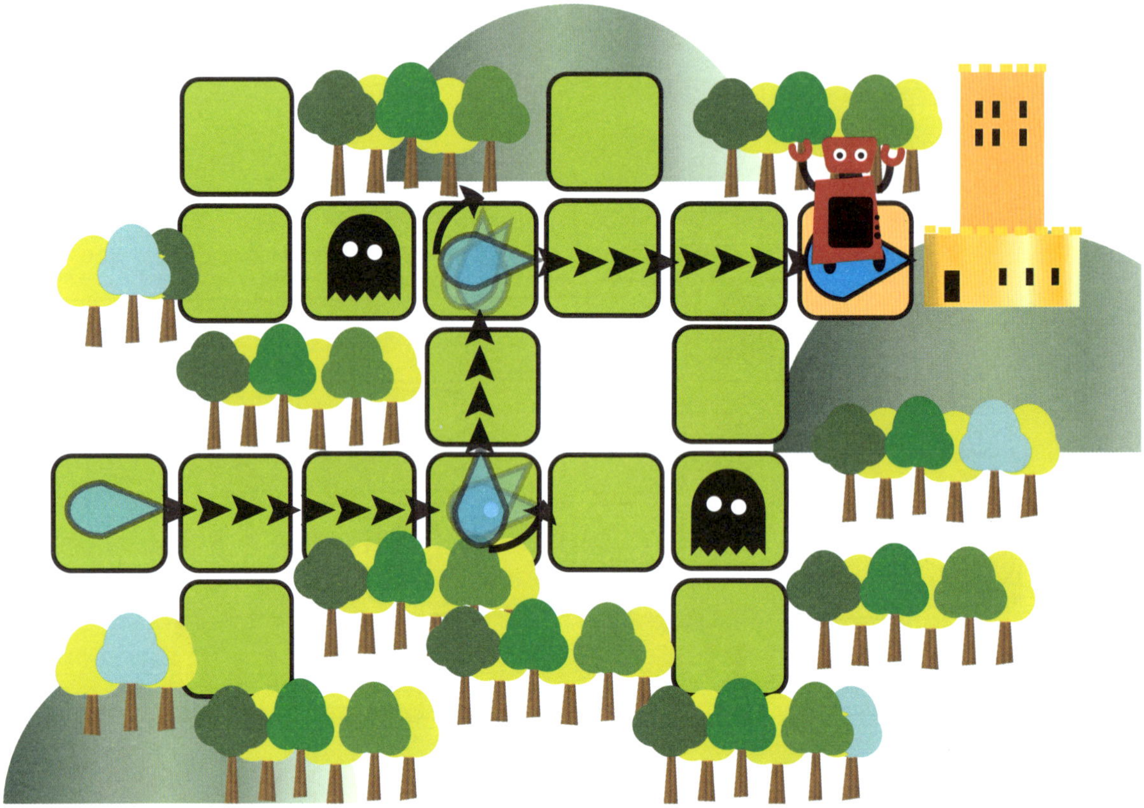

```
Frente 3
Girar esquerda
Frente 2
Girar direita
Frente 3
```

Se sua lista de comandos segue a sequência (programa) acima, você acertou. Parabéns! Mas, se errou algum comando, não tem problema. Aprenda com os erros e prossiga na busca para salvar a robozinha. Ela está aflita.

Agora que você já entrou na torre dos monstros, precisa se movimentar dentro dela e passar pela porta, que está trancada com uma chave.

MISSION 02

A segunda missão é mais complexa. Você deve programar Bob para que ele passe pelos monstros e chegue até a porta. Mas antes precisa de uma chave. A robozinha deve estar por perto. O comando TRÁS pode ser bem útil aqui. Leia as regras da missão e boa sorte!

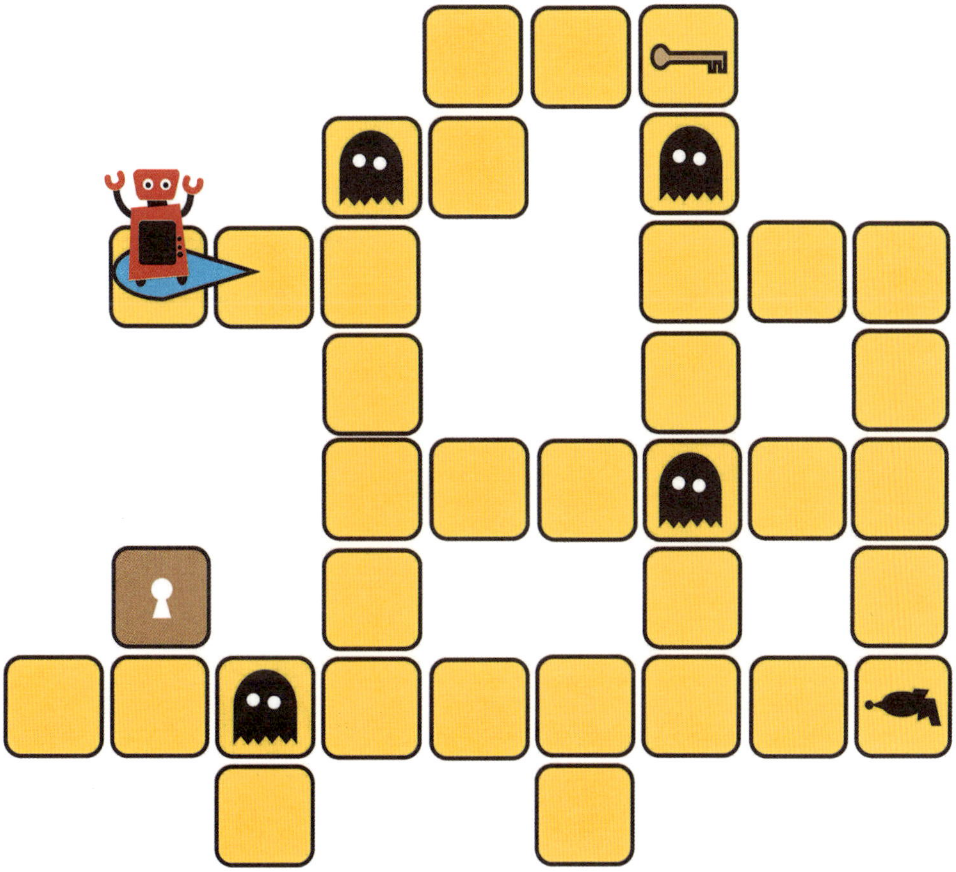

REGRAS

1) Sua missão é chegar ao quadrado marrom com a fechadura, passando pelo caminho mais curto e usando a menor quantidade de comandos possível. Porém, antes de chegar lá, você vai precisar pegar a chave.

2) Para pegar um item, basta entrar no quadrado onde ele está. Nessa missão, há dois itens: uma arma a laser e uma chave.

3) Para passar pelos quadrados com os monstros, você precisa pegar a arma primeiro. Os monstros detestam raios laser.

O que está esperando? Dá para ouvir os gritos de socorro da robozinha! Pegue um lápis ou uma caneta, uma folha de papel e escreva uma lista com os comandos para cumprir sua missão.

RESPOSTA DA MISSION 02

```
Frente 2
Girar direita
Frente 4
Girar esquerda
Frente 5
```

Primeiro, você precisa pegar a pistola a laser. Para chegar até ela, é preciso usar os primeiros cinco comandos.

```
Trás 2
Girar esquerda
Frente 6
```

Em seguida, para pegar a chave, é preciso retornar 2 casas, girar para a esquerda e ir em frente, passando pelos dois monstros sem problemas, já que você está com a arma.

```
Trás 6
Girar esquerda
Frente 5
Girar direita
Frente 1
```

Em seguida, já de posse da chave, você precisa seguir até a fechadura. Para isso, deve retornar 6 casas, girar para a esquerda, andar mais 5 casas, girar para a direta e andar 1 casa.

Se sua sequência de comandos (programa) ficou igual à sequência acima, você está de parabéns. Caso tenha feito algo diferente, não tem problema. O importante é que Bob cumpra a missão. Se errou, tente novamente e verifique uma resposta alternativa no final deste tópico. Geralmente, há mais de uma forma de resolver certos problemas. Aprenda com os erros e continue o jogo.

Na próxima missão, você deve usar um novo comando: **loop**. Ele permite que você faça Bob repetir outros comandos sem precisar escrevê-los novamente.

Por exemplo, no programa ao lado, o comando **loop 3** faz com que nosso herói execute 3 vezes os comandos **frente 2** e **girar direita**, conforme a ilustração.

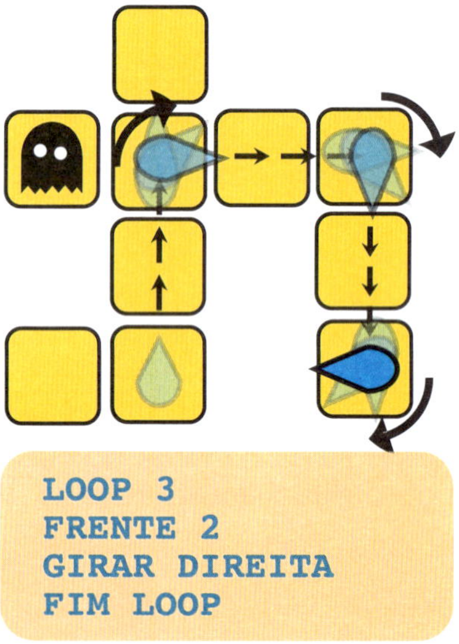

```
LOOP 3
FRENTE 2
GIRAR DIREITA
FIM LOOP
```

Se você quisesse que o programa executasse quatro vezes, bastaria escrever **loop 4**. Ou seja, quantas vezes você quiser.

Quando for escrever os comandos que serão repetidos com **loop**, é importante inserir a linha em que o **loop** se encerra, como demonstrado acima, na linha **fim loop**.

MISSION 03

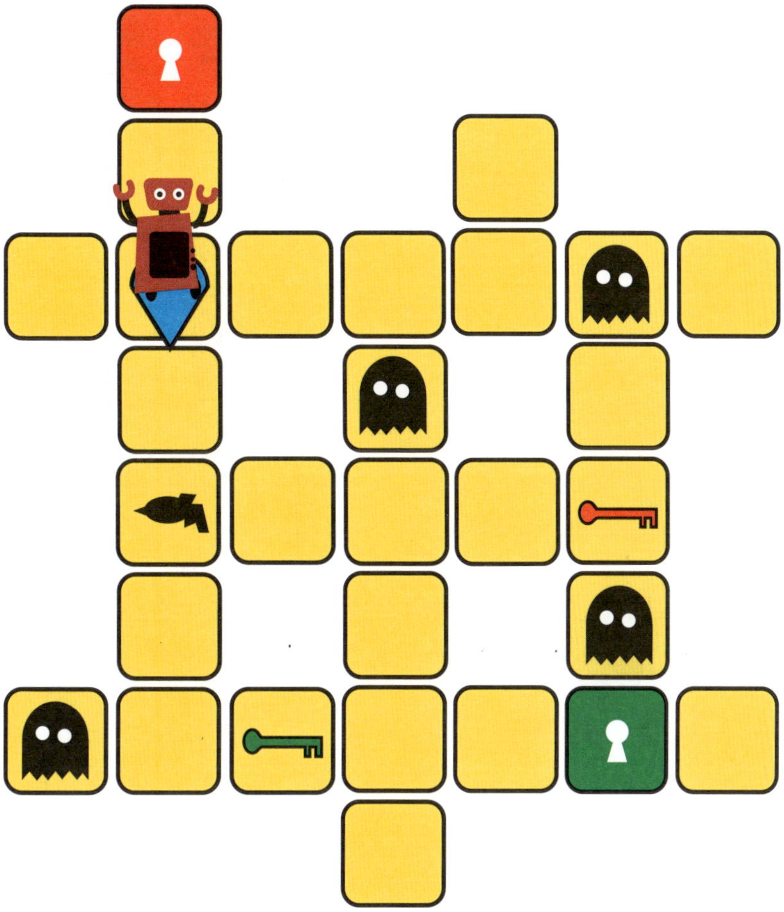

REGRAS

1) Sua missão é chegar ao quadrado com a fechadura vermelha, mas você só pode abri-la se tiver uma chave da mesma cor.

2) Para chegar ao quadrado com a fechadura verde, também é preciso ter a chave com a respectiva cor.

3) Para conseguir passar pelos quadrados com os monstros, é necessário pegar primeiro a pistola a laser. Monstros detestam raios laser. Você já sabe!

4) Você pode usar, no máximo, cinco comandos para concluir essa missão. Use o novo comando **loop** para facilitar.

Pegue um lápis ou uma caneta, uma folha de papel e escreva uma lista com os comandos para cumprir sua missão.

A resposta está na próxima página.

RESPOSTA DA MISSION 03

Apenas com esses quatro comandos, Bob pega todos os itens de que precisa, passando pela fechadura verde e por dois monstros, como mostrado na ilustração A. Ele termina o movimento no mesmo quadrado em que começou.

```
Loop 4
Frente 4
Girar esquerda
Fim loop
Trás 2
```

A última linha do programa faz Bob chegar ao destino final, andando 2 casas para trás, como você vê na ilustração B.

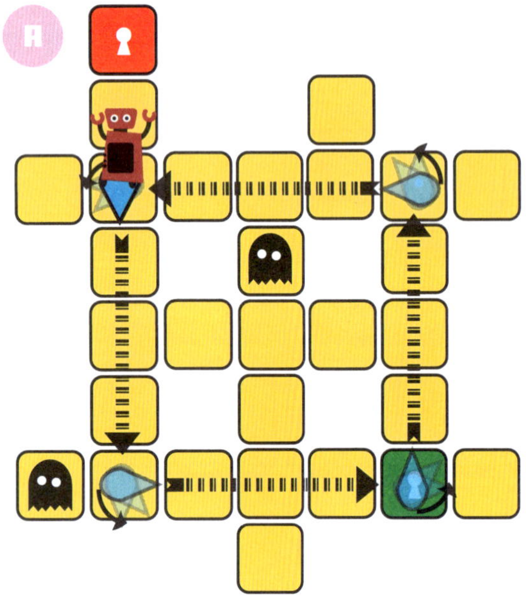

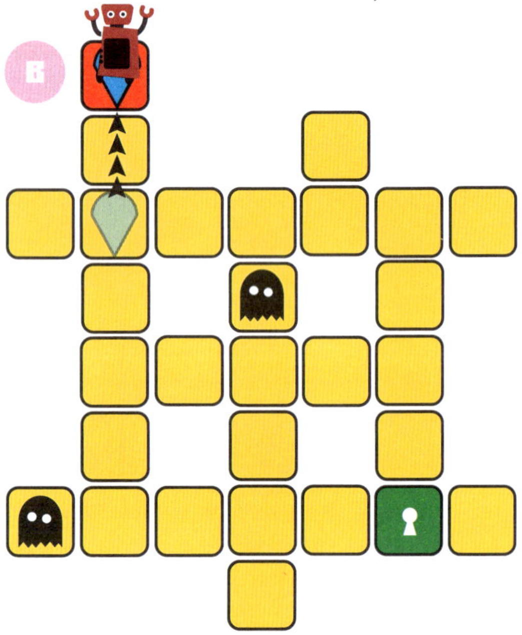

Para resolver essa missão usando **loop**, escrevemos apenas cinco comandos. Sem esse comando, você teria que escrever nove comandos, como em um dos programas abaixo:

```
Frente 4
Girar esquerda
Frente 4
Girar esquerda
Frente 4
Girar esquerda
Frente 4
Girar direita
Frente 2
```

```
Frente 4
Girar esquerda
Frente 4
Girar esquerda
Frente 4
Girar esquerda
Frente 4
Girar esquerda
Trás 2
```

Os dois programas demonstrados levam Bob ao mesmo local. A diferença entre eles está nas duas últimas linhas. Um faz com que Bob chegue ao objetivo de frente. O outro faz com que ele chegue de ré. Porém, veja que ambos os programas repetem várias vezes o comando **frente 4** e **girar esquerda**. Usar o comando **loop** simplifica tudo.

Nas linguagens de programação de computadores também existem comandos que repetem a execução de outros. Assim, você não precisa digitar os comandos várias vezes.

MISSION 04

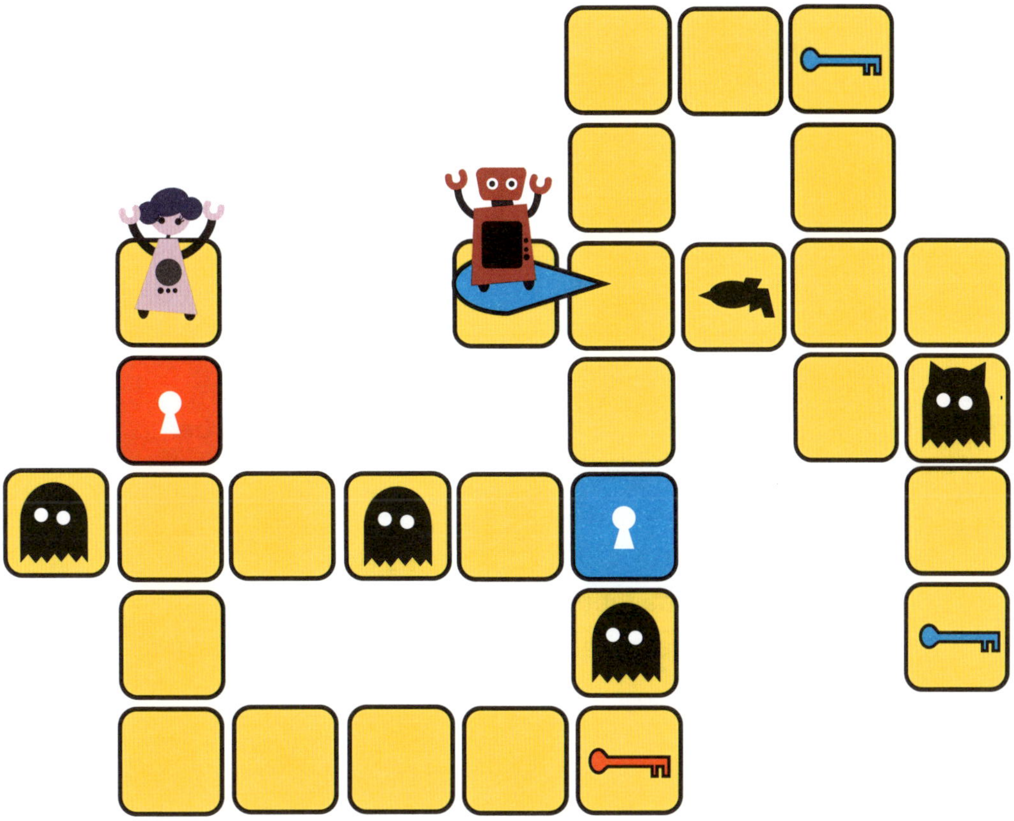

REGRAS

1) Finalmente! A robozinha está bem ali. Sua missão é chegar à mesma casa onde ela está, seguindo o caminho mais curto. Você deve ser rápido. Veja como a robozinha parece aflita.

2) Para chegar ao quadrado com a fechadura azul, você precisa de uma chave da mesma cor.

3) Para chegar ao quadrado com a fechadura vermelha, também é necessário conseguir a chave com a respectiva cor.

4) Já para passar pelos quadrados com os monstros, é preciso pegar primeiro a pistola a laser.

5) Você poderá usar, no máximo, dez comandos para concluir essa missão. Use o comando **loop**.

O que está esperando? Pegue um lápis ou uma caneta, uma folha de papel e escreva uma lista com os comandos para cumprir sua missão.

A resposta está na próxima página.

Você consegue imaginar uma forma de criar uma brincadeira para crianças pequenas usando esse jogo como inspiração? Mas lembre-se: crianças pequenas ainda não têm muita habilidade com a leitura e a escrita.

RESPOSTA DA MISSION 04

Para coletar a chave azul que abre a fechadura da mesma cor, você precisa usar o comando **loop 4**, mas, antes, deve andar 1 casa para a frente com o comando **frente 1**. Durante esse movimento, Bob também pegará a pistola.

Em seguida, você deve girar para a direita, de forma que fique bem posicionado para usar o **loop 3** e executar os movimentos que fazem Bob passar pela porta e pelo monstro, pegar a chave vermelha, abrir a fechadura da mesma cor e chegar ao quadrado onde a robozinha está.

```
Frente 1
Loop 4
  Frente 2
  Girar esquerda
Fim loop
Girar direita
Loop 3
  Frente 4
  Girar direita
Fim loop
```

Se utilizou o programa acima, você conseguiu. Parabéns!

Caso contrário, verifique na próxima página se seu programa está igual à resposta alternativa para essa missão. Se errou algum ponto, não tem problema. Apenas aprenda com os erros e prossiga a leitura. O que importa é que Bob consiga salvar Pinky.

RESPOSTAS ALTERNATIVAS

MISSION 02

```
Frente 2
Girar esquerda
Trás 4
Girar esquerda
Trás 5
Frente 2
Girar esquerda
Trás 6
Frente 6
Girar esquerda
Trás 5
Girar direita
Trás 1
```

MISSION 04

```
Frente 1
Loop 4
   Frente 2
   Girar esquerda
Fim loop
Girar esquerda
Loop 3
   Trás 4
   Girar direita
Fim loop
```

É possível resolver um mesmo problema usando diferentes soluções. Por exemplo, para apagar um fogo, você pode jogar água, mas também usar um extintor de incêndio. Para chegar à escola, você pode usar mais de um caminho. De forma parecida, para resolver algumas das missões do *Code Mission*, você pode usar programas diferentes, mas que, no final, produzem o mesmo resultado.

Acima, temos programas alternativos para a Mission 02 e a Mission 04.

No programa alternativo para a Mission 02, Bob se movimenta, na maior parte do caminho, de ré, usando o comando **trás** várias vezes. Já no programa para a Mission 04, a diferença está nos últimos movimentos. Há um giro para a esquerda antes do comando **loop 3**, de modo que Bob chega até a robozinha Pinky dando ré, repetindo os comandos **trás 4** e **girar direita**.

Ao programar computadores, você verá que também é possível criar programas diferentes que mostram o mesmo resultado.

Após concluir as missões do *Code Mission*, você já terá aprendido algumas noções básicas de programação de computadores. Agora, sabe que um programa é uma lista de comandos que o programador cria com base em um planejamento. E também aprendeu uma estrutura comum a todas as linguagens de programação: os laços de repetição, também conhecidos como loops.

EXPLORADOR ESPACIAL

Exercite noções de programação sem precisar de um computador.

Em um mundo cada vez mais dominado por tablets e smartphones, sempre é bom dar uma pausa e interagir com as pessoas sem precisar de internet ou celular. Jogos de tabuleiro são muito bons para criar essas ocasiões.

As regras que apresentaremos aqui podem ser utilizadas por quem está aprendendo a programar em casa e também por professores em escolas, os quais coordenarão o jogo para seus alunos. Essas regras são apenas sugestões. Portanto, é possível mudá-las conforme a preferência, o ambiente e a necessidade.

O JOGO

O jogo consiste em uma disputa entre dois jogadores. Cada um controla uma nave exploradora por meio de cartas de programação. O objetivo é coletar cristais de energia espalhados pelo tabuleiro. O jogo termina quando todos os cristais forem coletados. O jogador que conseguir pegar mais cristais vence o jogo.

FAZENDO O TABULEIRO

O tabuleiro pode ser feito de papel ou papelão quadriculado. Cada quadrado tem cerca de 2,5 centímetros, mas você pode alterar conforme o tamanho das naves. Além disso, é bom que o tabuleiro tenha, pelo menos, 10 quadrados de cada lado (10 x 10, ou 100 quadrados).

CRISTAIS DE ENERGIA

Os cristais podem ser feitos com cartolina e pintados; ou representados por objetos como moedas, grãos de milho ou até mesmo pequenas pedras encontradas no quintal (mas lembre-se de lavá-las, certo?).

NAVES EXPLORADORAS

As naves dos jogadores podem ser representadas por brinquedos (desde que caibam dentro dos quadrados do tabuleiro) ou ser feitas de papelão ou cartolina. Deixe sua imaginação livre. Mas, ao criar as naves, deve ficar evidente onde fica a frente delas. Isso é importante na hora do jogo.

CARTAS DE PROGRAMAÇÃO

As cartas de programação podem ser feitas usando cartolina (ou papel mais grosso), tesoura e lápis de cor.

No jogo, elas funcionam como comandos de programação. Quando a carta indica **frente 2**, quer dizer que a nave deve se mover 2 quadrados para a frente. Se indica **frente 3**, a nave tem que se mover 3 quadrados para a frente, e assim por diante.

A carta **esquerda** indica que a nave deve girar 90° para a esquerda, e a carta **direita**, que ela deve girar 90° para a direita. A carta **atirar** faz com que a nave efetue um disparo, atingindo o alvo bem à sua frente, no tabuleiro.

O TABULEIRO

A arte do tabuleiro fica por sua conta. Se possível, deixe-o parecido com o espaço sideral, decorando-o com estrelas, planetas e cometas. Cada jogador começa em um quadrado de uma das bordas do tabuleiro. O ideal é que fiquem em lados opostos.

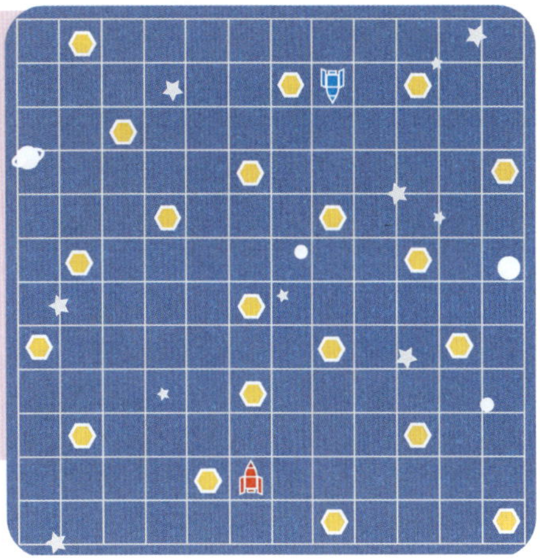

AS CARTAS

Cada jogador recebe um conjunto de nove cartas, iguais às indicadas ao lado. Elas podem ser do tamanho que você quiser, mas é interessante que sejam de um tamanho adequado para você e seus amigos manusearem.

PREPARAÇÃO

Antes de começar a partida, vinte cristais de energia devem ser colocados ao acaso sobre o tabuleiro. Cada um deve ficar dentro de um quadrado. A quantidade de cristais pode ser grande ou pequena, mas lembre-se de que isso vai interferir na duração da partida. Com mais cristais no tabuleiro, os jogadores vão demorar mais tempo para coletá-los.

Cada jogador deve receber um conjunto de nove cartas de programação. Em seguida, deve colocar suas respectivas naves em um quadrado de uma das quatro bordas do tabuleiro. Como mencionamos antes, o ideal é que fiquem em lados opostos.

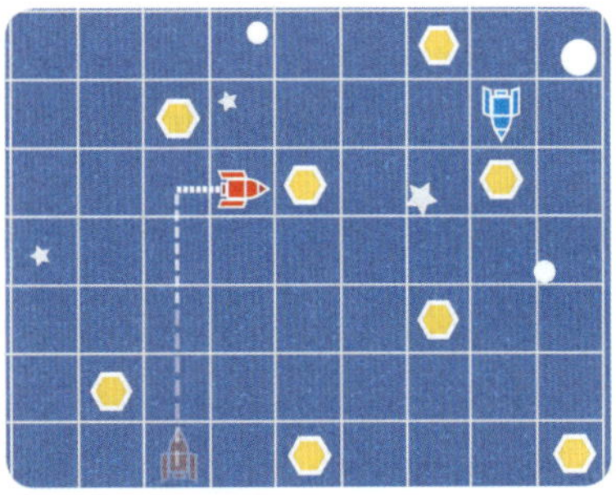

Exemplo de cartas escolhidas para programar nesse jogo e, mais acima, uma imagem do movimento da nave vermelha. Nesse caso, primeiro, a nave se movimentará 4 quadrados para a frente (Frente 2, Frente 2). Depois, vai girar 90° para a direita e se mover mais 1 quadrado para a frente (Frente 1).

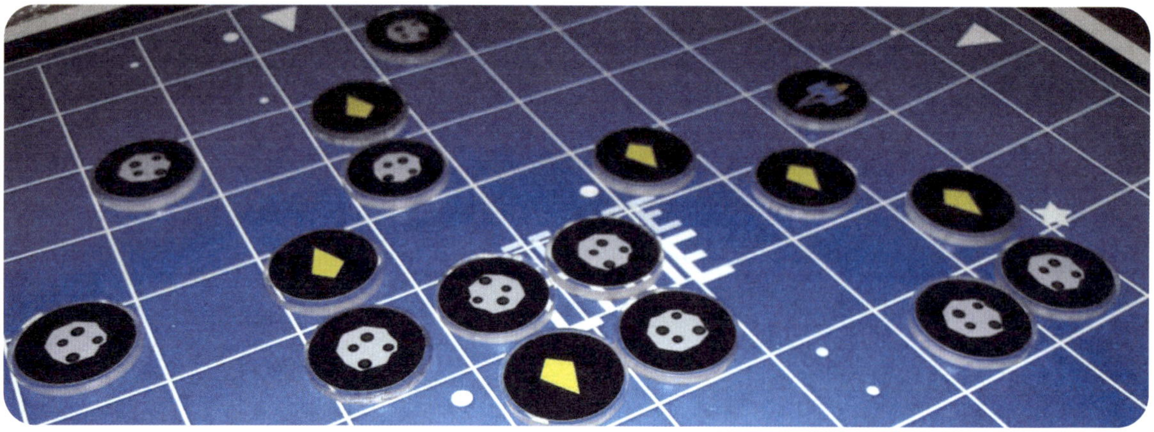

COLETANDO CRISTAIS

Para coletar um cristal de energia, basta passar sobre um quadrado em que ele esteja. Outra maneira de fazê-lo é se o cristal for empurrado para o quadrado onde está a nave.

ATIRANDO

Se o disparo atingir a nave do oponente, ela será empurrada, devendo se mover 1 quadrado. Se atingir um cristal de energia, o mesmo acontecerá.

TROMBADA

Se durante o movimento de uma nave ela se chocar contra a nave oponente, o veículo também será empurrado.

COMO JOGAR

Depois que todos os elementos do jogo estiverem preparados, siga as etapas indicadas abaixo:

1) Os jogadores escolhem até cinco cartas de sua mão para programar o movimento das naves. Enquanto programa, deixe as cartas viradas para baixo sobre a mesa, sem mostrá-las para o oponente.

2) Assim que cada jogador fizer sua escolha, as cartas serão mostradas. Agora, nenhuma mudança poderá ser feita na programação.

3) Os jogadores jogam um dado comum. Quem conseguir o maior resultado movimenta sua nave conforme suas cartas. Depois, é a vez do outro jogador.

4) Os jogadores pegam as cartas escolhidas de volta e retornam para a etapa 1.

BOM JOGO!

MUDANDO O JOGO

Se você quisesse mudar o jogo para deixá-lo mais divertido, o que faria? Aumentaria a quantidade de jogadores? Quais seriam as cores das novas naves? Os disparos poderiam destruir a nave do adversário? Quantos tiros cada nave poderia levar antes de explodir?

E se em alguns quadrados do tabuleiro existissem asteroides que bloqueassem o movimento? Eles seriam destruídos com um disparo ou apenas empurrados? Deixe a imaginação voar e converse com seus amigos sobre as muitas possibilidades de adaptar as regras do jogo.

MENOS CARTAS, MAIS RÁPIDO

Outra possibilidade é, caso um dos jogadores decida usar menos cartas na sua programação, ele teria mais chances de agir antes do oponente. Uma forma de fazer isso é, no resultado do dado, somar a quantidade de cartas usadas na programação. Nesse caso, a regra mudaria: quem conseguir o menor resultado age primeiro. Por exemplo, vamos supor que o jogador da nave azul use duas cartas de programação, e o jogador da nave vermelha use quatro cartas. Se ambos conseguirem a pontuação 3 no dado, o jogador da nave azul terá o resultado de 5, e o da nave vermelha terá 7. Portanto, a nave azul age primeiro.

PROGRAMANDO NO PAPEL

Caso você não queira usar cartas, pode simplesmente escrever a programação em um pedaço de papel, sem que o adversário veja. Por exemplo:

```
Frente 1
Frente 3
Atirar
Direita
Frente 2
```

Assim, ao escrever a programação, lembre-se de que você só pode usar os nove comandos (os mesmos das cartas), sem repeti-los. Ou seja, você não pode usar, em uma mesma programação, dois comandos de atirar ou frente 3, por exemplo.

TESTANDO REGRAS

Você pode criar uma ou mais regras para experimentar novas formas de jogar, mas, após criá-las, teste-as com algumas partidas para verificar se o jogo realmente funciona. Avise a todos os participantes a nova regra que estão testando.

Por fim, inspire-se nas regras desse jogo para criar muitos outros, em diferentes contextos. Já imaginou como seria se, em vez de naves no espaço, os jogadores controlassem robôs em um planeta cheio de monstros?

GLOSSÁRIO

ALEATÓRIO: significa algo que ocorre ao acaso, de modo incerto, como o resultado de uma jogada de dados. No mundo da programação de jogos, é comum que o programador peça ao computador ou celular que escolha números aleatoriamente, como mostrado no tópico "Cara ou coroa", nesta obra.

ASCII: acrônimo de *American Standard Code for Information Interchange* (Código Americano Padrão para o Intercâmbio de Informações), é um conjunto de valores que representam caracteres e códigos de controle armazenados ou utilizados em computadores. Em Basic, a função **ascii( )** retorna o valor em ASCII de um caractere. Em Python, isso é feito pela função **ord( )**.

BASIC: sigla para *Beginners' All-purpose Symbolic Instruction Code*, que significa "Código de Instruções Simbólicas de Uso Geral para Principiantes". Trata-se de uma linguagem de programação de fácil operação, criada em 1964. Atingiu o auge na década de 1980, com a popularização dos microcomputadores pessoais, que já vinham com essa linguagem na memória. Atualmente, existem várias versões atualizadas do Basic.

CARACTERES: são letras, números, sinais ou símbolos. Em Basic, você pode saber a quantidade de caracteres de uma variável String (tipo textual) por meio da função **len( )**. Em Python, a linha print **(len("Bom dia a todos")** vai mostrar o total de 15 caracteres na tela, pois até os espaços em branco são contabilizados.

COMANDO: palavra que ordena alguém ou algo a fazer alguma coisa. No mundo da programação, pode ser chamada de instrução. Por exemplo, quando pedimos para o computador exibir um cálculo na tela, estamos usando um comando.

CONDICIONAL: comando realizado apenas em caso de uma ou mais condições serem verdadeiras. Exemplo: exibir a mensagem "Parabéns! Você conseguiu a nota máxima" apenas se a nota em uma prova for igual a 10.

DECISÃO: a tomada de decisão é uma das três ações básicas que um computador pode realizar. Essa capacidade depende de estruturas condicionais, geralmente usadas por meio do comando **if**. Veja CONDICIONAL.

FUNÇÃO: instrução que faz com que o computador leia um trecho de código definido anteriormente. É muito útil por razões práticas e econômicas. Em vez de, por exemplo, digitar um trecho de dez linhas sempre que precisar de um código, basta usar uma função que se refere a ele. Um exemplo pode ser visto no tópico "O caçador de robôs", nesta obra, onde foi definida a função **limpar( )** no programa em Python.

INDENTAÇÃO: espaçamento em relação à margem esquerda usado como boa prática de programação, no sentido de deixar o código visualmente organizado. Na linguagem Python, a indentação é necessária em alguns casos para que o sistema saiba o que está dentro de uma estrutura condicional ou de uma estrutura de repetição.

INPUT: significa "entrada". No caso, refere-se à entrada de dados no sistema pelo usuário durante a execução de um programa. O comando **input** faz com que o sistema aguarde o usuário digitar alguma coisa no teclado e armazena essa informação em uma variável especificada, assim como em **A = input ("Quantos anos você tem?")**.

INSTRUÇÃO: ver COMANDO.

LOGO: Linguagem de programação desenvolvida em 1967 para crianças programarem os movimentos de robôs simples. Ver PAPERT.

ORD: em Python, a função **ord( )** retorna o valor decimal ASCII de um caractere. Por exemplo, a linha **v = ord("A")** armazena o valor 65 na variável **v**. Em Basic, isso é feito pela função **ascii( )**.

PAPERT: Seymour Papert foi um matemático e educador conhecido por ter criado – com Wally Feurzeig e Cynthia Solomon – a linguagem de programação Logo (em 1967) para a educação infantil. Com a Logo, as crianças controlavam robôs conhecidos como turtles (tartarugas), que se movimentavam sobre folhas de papel e faziam desenhos.

PRINT: comando essencial que exibe uma informação na tela do computador ou celular. Em Basic, o comando print 2+2 exibe o resultado "4" na tela, assim como o print "Olá, mundo!" exibe "Olá, mundo!".

PROGRAMA: conjunto de instruções ou comandos em linguagem de programação (Basic, Python, Javascript, Scratch, etc.) que dizem o que um computador ou celular deve fazer, que pode ser um cálculo simples, acionar um alarme quando um sensor é ativado e rodar um jogo de videogame ou um aplicativo.

REPETIÇÃO: estrutura de repetição ou laço de repetição (loop) é uma parte do programa que lê um trecho de código mais de uma vez. Um programa que lê os dados do GPS de um celular durante uma viagem, por exemplo, está em uma estrutura de repetição, sempre acessando a função que lê o GPS. Essa repetição encerra-se diante de uma condição ou de forma preestabelecida.

STR: abreviação da palavra String. A função **str( )** – em Basic, **str$( )** – transforma o que estiver entre parênteses em uma informação de tipo textual. **k = str(8)** transforma o 8 em uma String e guarda a informação na variável **k**. Isso é feito para, por exemplo, unir o resultado de um cálculo com um texto, como: "A média de suas notas é 10". A função **int( )** faz o inverso.

VARIÁVEL: espaço na memória do dispositivo onde o programador armazena uma informação. As variáveis sempre têm um nome ou rótulo e podem ser nomeadas com letras (A, B, K, L, etc.) ou palavras (nota, nome, pontos, média, etc.). Algumas linguagens permitem o uso de números. Uma boa prática de programação é nomear uma variável conforme o tipo de informação que ela vai guardar. Em Basic, as variáveis que guardam texto terminam com $ nos nomes. Exemplo: **input "Qual seu sorvete favorito?", sorvete$**.

OBRIGADO!

Espero que você tenha se divertido lendo esta obra tanto quanto nós nos divertimos ao escrevê-la. Agora, você sabe noções básicas de programação e já consegue programar códigos simples em Basic, Python e também em Scratch, uma das linguagens mais usadas por iniciantes para a criação de jogos. Porém, estamos apenas começando.

Se você consegue programar nessas linguagens, quer dizer que é capaz de programar em várias outras, como Javascript. Afinal, as linguagens de programação são muito semelhantes. A diferença entre elas é questão de detalhes, que você pode aprender aos poucos e com facilidade.

Um grande abraço e até a próxima!